平 步 青 云

沟通巧技能系列

面试沟通巧技能

刘平青 等著

電子工業出版社
Publishing House of Electronics Industry
北京·BEIJING

内容简介

全书共四章，第一章介绍面试需要沟通巧技能，系统讲解什么是面试、面试的目的、面试的类型和角色构成，让读者对面试有整体的认识。同时，在第一章中列举了求职者在面试前、面试中、面试后经常出现的失误，让读者进一步意识到面试沟通巧技能的重要性。第二、三、四章从面试前、面试中、面试后三个环节入手，结合大量的案例，通过"小故事，大道理"的方式，逐层剖析面试沟通巧技能。

本书可为广大求职者面试提供有益指导，也适合作为各层次毕业生找工作的指导用书。

图书在版编目（CIP）数据

面试沟通巧技能 / 刘平青等著. —北京：电子工业出版社，2018.6
ISBN 978-7-121-34227-1

Ⅰ. ①面… Ⅱ. ①刘… Ⅲ. ①职业选择－通俗读物 Ⅳ. ①C913.2-49

中国版本图书馆CIP数据核字(2018)第104688号

策划编辑：王二华
责任编辑：王晓庆
印　　刷：北京虎彩文化传播有限公司
装　　订：北京虎彩文化传播有限公司
出版发行：电子工业出版社
北京市海淀区万寿路173信箱　邮编：100036
开　　本：880×1230　1/32　印张：6.125　字数：132千字
版　　次：2018年6月第1版
印　　次：2024年12月第25次印刷
定　　价：29.00元

前言：人生的每一天都与面试有关

人生的每一天，要么正在面试中，要么是在为面试做准备，终究都离不开面试。从历史层面来看，远到四千多年前的尧舜时期，近到您翻开此书的这一刻，面试从未停止过；从个人层面来看，面试每时每刻都在我们的身边重复上演着。

上学时，我们被老师、被同学面试，各种考试、竞赛、补习、活动，既是在面试，也是在为面试做准备。

求职时，我们被用人单位、被招聘经理面试，使尽十八般武艺，只为谋得一份满意的工作。

工作时，我们被领导、被同事面试，一举一动都得三思而后行，稍有不慎便可能被淘汰。

晋升时，我们被上级、下属、被更多的人面试，这些面试让我们承担着更大的压力和责任。

人生的每一天都与面试有关，而每一场面试都影响着我们的人生！

正因为面试无处不在，又与我们的工作生活息息相关，所以我们才需要把面试当做人生的一门必修课来学习。然而，许多人由于缺乏面试巧技能，在面试中屡战屡败，甚至成了失败的人生。

上学时，不少人没有把握机会快速成长，没有努力为面试做好准备，直接导致自己在面试中处于弱势地位。

求职时，不少人每天忙碌奔波于各种招聘会和面试现场，屡次碰壁却只能感慨怀才不遇和社会不公。

工作时，不少人以为进了公司，面试就结束了，结果却到处抱怨同事难相处、领导难伺候、职场生活不如意。

晋升时，不少人没能顺利通过面试，抱怨下属搅局、同事排挤、领导刁难，有的辞职走路，有的到处散布谣言，职场关系“剪不断理还乱”。

至此，您是否也感受到了面试巧技能的重要性？其实，面试一点都不可怕，如果我们能够掌握面试的巧技能，人生可以一帆风顺。当然，现在的面试早已不是传统意义上的考试，在人类社会高度发展的现代背景下，本书重新诠释了面试的定义：面试，实质是沟通！谁掌握了面试沟通的巧技能，谁就获得了面试的制胜法宝。

无论是强者还是弱者，都需要面试的沟通巧技能。强者，未必能在面试中占据绝对优势，如何恰到好处地把自己的强处展示给对方，需要掌握沟通中的“巧”；弱者，就更加有必要用心学习沟通的巧技能，巧妙地总结提炼自己的优势，才能成为激烈竞争中的强者。

那么，沟通的巧技能到底是什么呢？对于这个问题，针对生活中不同性质的面试，有着不同的答案。本书还是将重心聚焦到大家最为关注的求职面试，从沟通的角度出发，与您一起探讨、交流面试当中的沟通巧技能。概括地说，面试沟通巧技能的“巧”在于四句话：强而不霸，弱却有心；沟通系统，细节感人；尊重差异，展示特色；角色明确，换位思考。这四句话像一条主线，贯穿了整个面试过程，将零散的面试知识汇集成一个系统，让面试变得有规律可循。

在具体探讨面试沟通巧技能之前，需要先厘清面试是什么。本书第一章系统介绍了什么是面试、面试的目的、面试的类型和角色构成，让读者对面试有一个整体的认识。同时，在第一章中列举了求职者在面试前、面试中、面试后经常出现的失误，让读者进一步意识到面试沟通巧技能的重要性。紧接着，本书用三个章节，从面试前、面试中、面试后三个环节人手，结合大量的案例，通过“小故事，大道理”的方式，逐层剖析面试沟通巧技能。

面试前的沟通巧技能：首先，自我认知是第一步，在求职之前应该明确自己适合什么工作。其次，是获取面试相关信息，并合理利用获取到的信息。再次，便是努力为自己赢得机会，既要学会展示自身特色，也要学会如何博得“伯乐”赏识。最后，是面试前的充分准备，不打无准备的仗，只有知己知彼，才能百战不殆。

面试中的沟通巧技能：形象展示是沟通的第一步，得体的仪容仪表和淡定从容的神态气质，能给面试官留下深刻的印象。面试的第一环节就是自我介绍，在遵循真实原则的基础上，也要注重艺术性。在具体的问题回答过程中，借助四大巧技能“强而不霸，弱却有心；沟通系统，细节感人；尊重差异，展示特色；角色明确，换位思考”，打动面试官。最后，恰当地提问一些有价值的问题，礼貌地结束面试。

面试后的沟通巧技能：一是及时反馈，向面试官表达自己的感谢，保持联系，并在合适的时间咨询面试结果；二是做好自我总结，无论面试成功与否，都需要为下一次面试做好准备；三是持续提升，在工作时间和业余时间学会提升自我，才能让自己顺利应对每一次面试。

在互联网如此便捷的时代，要在网上找到有关面试的经验分享并不是难事，但一百个招聘经理有一百种说法，甚至提出了对立的观点，错杂凌乱的信息反而事倍功半。本书最大的创新点在于从沟通的角度，更加全面、系统地与您分享面试的巧技能。同时，我们列举了大量的真实案例，让读者提前感受面试现场，仿佛身临其境，真正体会和掌握面试沟通的巧技能。我们不提供教科书，而是进行巧技能的分享。当然，我们尊重个性的存在，求职者要将自身的特色与巧技能结合在一起，才能在面试中脱颖而出。

本书是团队成员智慧的结晶。刘平青负责整体布局和穿针引线，以及最后的修改工作，庄超民、王迪、杨芳、黄伟敏等人在创作过程中做出了积极贡献。尤其是庄超民结合实际经验，协助统稿，高效率地扎实推进工作。当然，本书内容还存在一些不足之处，欢迎各位读者批评指正！

最后，再次感谢每一位读者和支持者，希望本书能够对您的工作和生活有所帮助！

刘平青

于北京

目　录

1

chapter

第一章

面试需要沟通巧技能

第一节　打开面试的大门

面试，一个耳熟能详的词语，看似离我们很近，又仿佛深不可测。它每天都在我们身上或者我们的身边反复上演着，但又有多少人静下心来仔细思考过“我们为什么要面试”？这是一个看似非常幼稚的问题，但只有真正看清了面试的本质，求职者才能游刃有余地面对每一场面试。

一、什么是面试

对于面试的定义，不同的学者、HR（Human Resource，人力资源专员）和求职者有不同的理解。为了能够系统地理解面试的内涵（如图 1-1 所示），需要从三个层面来深入剖析：表层、外核和内核。

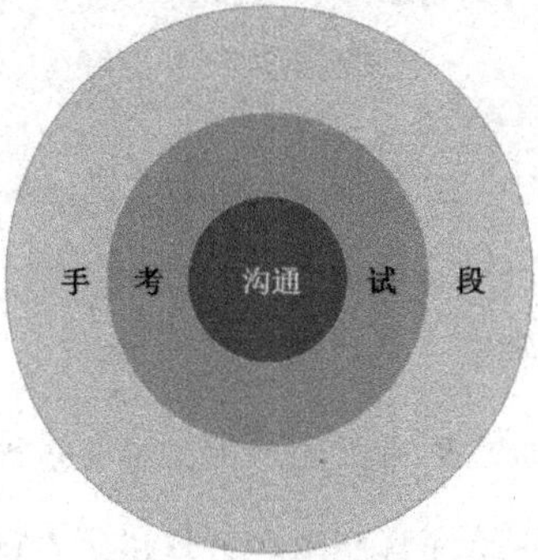

图 1-1　面试的内涵

（一）表层——人才选拔的手段

从表层来看，面试是人才选拔（尤其是企业招聘人才）的重要手段。这种人才选拔方式在我国古代就已经得到充分应用，发展到今天，已经成为国内外最常用的一种选拔方式，常见的有企业招聘面试、公务员面试、教师职业资格证面试、签证面试等，而这其中又以企业招聘面试应用最为广泛。既然是选拔，往往就存在着竞争。企业或政府部门为了选拔到合适的人才，往往会采取差额面试的手段，即参加面试的候选人人数多于最终录用的人数。招聘筛选金字塔讲述的就是这一问题，如图 1-2 所示。

图 1-2 招聘筛选金字塔

（二）外核——考试

从外核来看，面试是考试的一种，是通过面谈的形式来考察求职者的个人能力。它给考官和求职者提供了双向交流的机会，增进双方之间的了解，进而双方都可以更加准确地做出选择。针对不同的面试，面试官侧重考察的能力也有所区别。如，在企业招聘面试中，面试官侧重考察求职者的岗位胜任能力、语言表达能力、逻辑思维能力、团队协作能力等；而在签证面试中，面试官着重考察申请者是否有移民倾向。

（三）内核——沟通

从内核来看，面试的本质就是沟通。经验丰富的求职者把面试比做聊天，这是面试的最高境界，不把面试当做紧张的考试，而是当成一种轻松的互动。在沟通中，求职者展示自身的特色，面试官获取相关的信息，高质量的沟通才能促成双赢。

二、面试的目的

面试是考核求职者的一种方式，一般会配合笔试、简历筛选等方式，综合考量求职者的各项能力和素质。对于面试官而言，需要通过面试来推测求职者的整体素质是否达标。而对于求职者而言，更是要在短短的面试中，通过言语来呈现个人综合素质是符合职位要求的。

一个人的素质如同一座巨大的冰山，包括露出水面的部分（基准性素质）和隐藏在水下的部分（鉴别性素质）（麦克利兰素质冰山模型如图 1-3 所示）。在面试中，面试官所能考察到的部分主要是表象，尤其是语言表达能力，通过表象来推断求职者的潜能及综合素质。

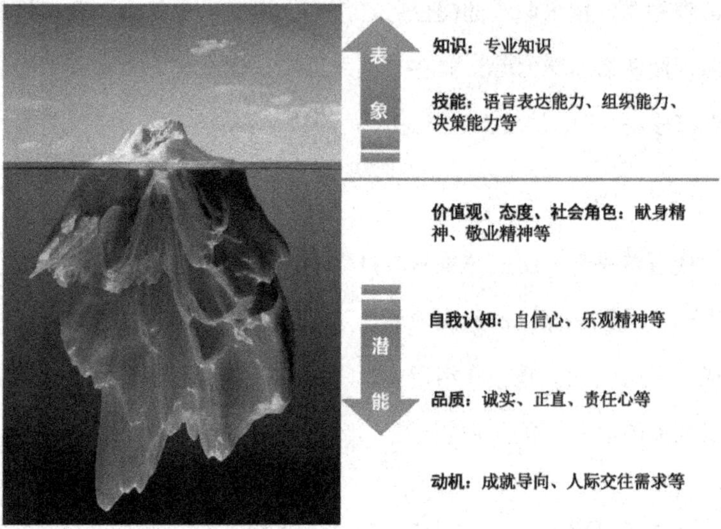

图 1-3 麦克利兰素质冰山模型

（一）考察表象

依据冰山模型，个体的表象素质（基准性素质）是容易被测量和观察的。通过面试沟通，面试官主要想考察求职者的知识和技能，包括专业知识、语言表达能力、组织能力、决策能力等，进而判断求职者是否具备胜任某一特定工作的基本条件。

（二）推断潜能

依据冰山模型，个体的潜能（鉴别性素质）无法通过表象直接观察得知。面试官需要通过科学合理的面试沟通方式，逐步挖掘出求职者的价值观、态度、社会角色，自我认知，品质和动机。越来越多的企业，特别是国外的企业，相比于找一个有能力的人，他们更愿意找一个“志同道合”的人。

案例 1–1

冷场面试，掌握主动权

九月秋招黄金季，同班的李勇和陈诚同时参加了某公司的校园招聘会，应聘的职位都是营销专员。宣讲会前将简历提交给 HR，经过筛选后，李勇和陈诚都获得了面试机会。

李勇先进入面试室，面试官在提了几个问题后，便停下来查看桌上李勇的简历，时间一点点过去，却始终不见面试官抬头。小李感到很疑惑，又很紧张，不知道是自己刚刚的回答出了问题，还是面试官想详细查看自己的简历。但他又不敢问，只好拘谨而又沉默地等着。此时的小李如坐针毡，房间里安静得让人窒息。过了十分钟，面试官突然抬头，好像刚想起来似的，说道：“面试结束了，您可以先回去等通知，谢谢您，再见！”

陈诚随后进入，面试官同样在简单的提问之后沉默不语。陈诚等了一会儿，见面试官始终低头看简历，觉得很奇怪：自己的简历只有短短一页，况且简历已经被筛选过一次了，为什么还要盯着简历看呢？陈诚猜测这可能是面试官在考验自己，毕竟营销岗位需要的就是积极主动的员工。于是，他主动探询道："我的简历中有什么让您不清楚的问题吗？如果您有需要进一步了解的问题，可以直接问我。"面试官抬头笑道："很好，今天的面试结束了，下周一如果方便的话，请前来参加复试。"陈诚听了高兴地说："谢谢！我下周一会准时来，再见。"

李勇询问陈诚的面试过程，才知道自己面试失败了。

（资料来源：依据杨俊峰《职业指导实务》整理）

案例中，李勇和陈诚同为求职者，在接受相同的面试时，却因为表现不同而导致最终录用结果不同。对于李勇而言，在面试之前没有认清面试的目的，对面试中出现的反常情况无所作为。反观陈诚，他很明确面试官要考察的是自己的岗位胜任能力——积极、主动发现并解决问题的能力。他作为求职者，虽然是面试中的弱者，但是做到了弱却有心，最终成功晋级复试。在此过程中，我们首先要明确，面试的目的是什么。在对面试有了一个清晰的认识之后，才能够对症下药，获得面试成功。

三、面试主要类型

按照不同的分类标准，面试类型也有所不同。面试的类型多种多样，根据面试的标准化程度、内容、方式、进程等不同的划分标准可以对面试进行分类，如图 1-4 所示。

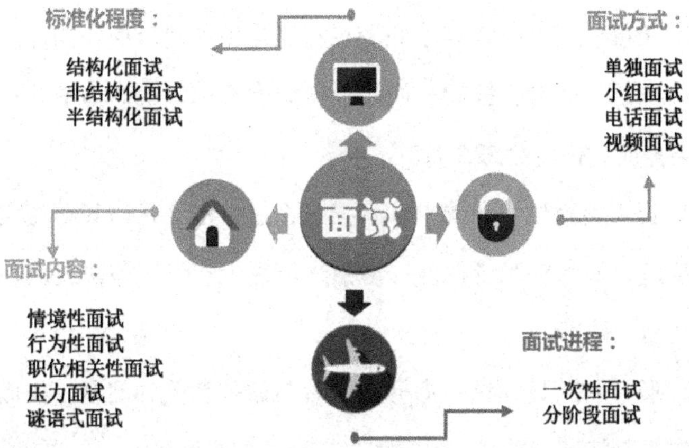

图 1-4　面试类型

（一）按照标准化程度分类

1. 结构化面试（规范化面试）：依照预先确定的题目、程序和评分标准进行面试，要求做到题目的结构化、程序的结构化和评分标准的标准化。结构化面试的信度和效度更好，其结果优于非结构化面试，但是缺乏灵活性。

2. 非结构化面试：面试没有固定的框架结构，也不使用有确定答案的固定问题，随意性较强。采用这种形式面试的情况比较少。

3. 半结构化面试：介于结构化与非结构化之间的面试形式，一般而言，面试题目既有固定题目，也有依据面试情况即兴提问的问题。融标准化和灵活性于一体，是采用较多的一种形式。

（二）按照面试的内容分类

1. 情境性面试：询问求职者在特定情境如何反应。如面对营销经理岗位的应聘者，提问：如果顾客向你投诉，说产品不好用且服务态度差时，你将会怎么做?

2. 行为性面试：要求求职者描述在过去发生过的某个真实情境中的反应。如向求职者提问：请描述您在上一份工作中最成功和最不成功的一件事。

3. 职位相关性面试：询问求职者与职位相关的问题。如面对会计岗位的应聘者，提问：银行利息应计入哪个账目?

4. 压力面试：面试官故意提问一些比较粗鲁的问题，让求职者感到不舒服。目的在于鉴别出比较敏感或者压力承受能力较低的求职者。

5. 谜语式面试：通过提问，考察求职者的逻辑思维能力。如提问：请把一盒蛋糕切成 8 份，分给 8 个人，但蛋糕盒里还必须留有一份。

案例 1-2

一场令人难堪的面试

张扬是一位优秀的毕业生，在研究生临近毕业时参加了某知名空气净化公司的装配工艺工程师岗位的面试。本以为凭自己的实习经历和专业技能可以很轻松地通过面试，结果没想到这却是一场让他尴尬不已的面试。

当张扬走进面试室的时候，看到面前坐了5个人——总经理、生产部经理和副经理、人力资源部经理、招聘专员。在简单的寒暄之后，几位面试官开始了劈头盖脸的发问。这些问题中包括一些完全没有必要且非常失礼的问题，比如：如果你是一个足够聪明的人，那你为什么在大学还会做一份服务员的兼职？你不认为自己的年龄早就应该毕业了吗？张扬感觉十分难堪。他们提问只不过是硬挑毛病，和工作没有关系，也没有考察任何技术方面的问题。随后又与总裁和生产部经理进行了第二轮面试，这次提问则主要是围绕技术方面的问题，沟通十分融洽。

由于第一轮的面试看起来更像人身攻击，甚至有些卑劣，他在面试结束后就赶紧准备其他公司的面试。没想到的是，一周后，张扬收到了该公司的录用通知。

这份录用通知让他很纠结。这份工作本身是很理想的，他很喜欢这份工作、这个行业及这家公司所在的位置。可是第一次的面试让他觉得很压抑，他想知道是不是面试官故意制造紧张气氛，观察他的抗压能力。他们为什么这样做呢？

思考：

1. 这种面试按照面试内容可以归为哪一类面试？

2. 如果你是张扬，你会接受这份工作吗？如果你拿不准是否接受，那么你还需要哪些信息帮助你决策？

（资料来源：加里·德斯勒《人力资源管理：第12版》）

（三）按照面试的方式分类

1. 单独面试（序列化面试）：分为一对一和多对一面试两种情况。指主考官（一位或多位）与应聘者单独面谈，是面试中最常见的一种形式。

2. 小组面试（集体面试）：面试官同时对若干应聘者进行面试。无领导小组讨论是最常见的一种小组面试法。

3. 电话面试：通过电话交谈的方式面试求职者。电话面试不会受到求职者的相貌、着装的影响，氛围也更轻松。但是，求职者在肢体语言等方面表现出的特质无法得到考察。

4. 视频面试：随着可视化软件的兴起，很多公司开始采用视频面试的方式考察求职者。尤其是在不方便见面的时候，面试官会选择电话面试和视频面试。

（四）按照面试的进程分类

1. 一次性面试：面试次数只有一次。

2. 分阶段面试：面试有多轮筛选。

案例 1-3

特殊的面试

谈起面试，让小谭印象最深的一次面试是在离市区较远的一家公司的面试，他们要招的是文秘。

面试地点被安排在公司的会议室，而要从市区顺利并按时到达那家郊区的公司，这对本就不是本地人的小谭来说已是第一道面试问题了。由于平时面试不多，而且对这家公司也不够了解，小谭开始搜集公司的一些信息，当然包括如何从住所到达公司这个当前急需解决的问题。

对线路有了清楚的把握后，小谭胸有成竹开始了这次陌生而又熟悉的求职长征。值得庆幸的是，在公司规定的时间内，小谭顺利抵达了公司指定的面试地点，虽然也是提前到，但会议室也已经有两个人了。

正当小谭气喘吁吁站到面试官面前时，面试官的一句话让她一下子平静了下来。“你是唯一没有打电话问我们路线的同学，你被录取了。”面试官补充说明了录取理由：公司虽然离市区确实有些远，但考生能自己一个人找到并且提前到面试现场，足以说明你对这次面试的重视，而作为一名文秘，有较强的思考能力和对公司积极了解的主动性是非常重要的道。

（资料来源：笔者依据相关资料整理）

除了上述的几种面试类型之外，求职者还要注意一些不走寻常路的面试方式，例如，案例中特殊的面试。求职者要切记，在投递简历的那一刻开始，面试就已经开始了。

四、面试角色构成

面试中涉及的角色主要有两类：面试官和求职者。

（一）面试官

一般来说，为了保证面试过程的公平、合理，会由多个面试官组成一个面试团队。以企业招聘面试为例，面试团队包括：招聘专员、人力资源部经理 / 主管、用人部门经理 / 主管、总经理等。在设有多位面试官时，一般指定一人作为主考官，负责引导面试整体进程。

这样安排是兼顾了面试的专业性和用人部门的需求。招聘专员和人力资源部经理 / 主管的主要作用是，保证面试过程的专业性，防止面试问题不科学或者不符合法律规定。用人部门经理 / 主管的主要作用是，对求职者的专业水准进行评判，防止招聘到的员工不符合本部门的需求。总经理则考察求职者的综合素质，保证招聘到的员工符合公司文化和未来的发展战略。

（二）求职者

面试中的另外一个主角就是求职者，也就是本书的主要受众。针对不同的面试，求职者也有不同的构成，在数量、人格、专业、技能等方面各有差异。值得一提的是，求职自然意味着竞争，特别是在竞争如此激烈的时代，求职压力有增无减。

第二节　面试沟通巧技能的重要性

面试的内核是沟通，关键在于处理好三方面的关系，即与人、与事、与己的关系。从沟通的角度出发，是否具备面试沟通巧技能将导致两种截然不同的面试结果。

一、缺乏面试沟通巧技能，举步维艰

缺乏面试沟通巧技能的求职者，会进一步体现在自我沟通不畅、与人沟通不和、与事沟通不顺这三个方面，在求职之路上注定举步维艰。

（一）自我沟通不畅

所谓的自我沟通不畅，主要是指求职者对自我认知的偏差：一是好高骛远，不切实际；二是妄自菲薄，患得患失。不能清醒地认识自我、沟通自我，就无法成功通过面试。每年都有一些“慢就业”的大学生，并非找不到工作，而是对工作的期望值过高，盲目地追求脱离自身实际的“高工资、高待遇”的理想工作，最后导致“毕业即失业”的局面。也有一些人，对自己所学专业不太感兴趣，但是又不敢突破自我，勇敢追求自己想从事的岗位；还有一些人过度看低自己，最后只能安于现状。

（二）与人沟通不和

与人沟通不和在面试环节中主要体现在与面试官的沟通过程中。例如：（1）不善于打破沉默，不愿主动说话，语音语调亦极其生硬，面试官问一句，自己就只会回答一句，使场面更显尴尬；（2）与面试官“套近乎”，过分“套近乎”会在客观上妨碍求职者进行专业经验与技能的陈述，也会令面试官反感；（3）无法正视自身问题，面试官常常会提出或触及一些让求职者难为情的事情，很多人对此躲躲闪闪或撒谎敷衍，而不是诚实地回答、进行正面解释；（4）缺乏沟通礼仪，言行举止令人不适，给面试官留下不好的印象。当然，与人沟通不和不仅仅只体现在上述几个方面，每一个失误都有可能导致面试的失败。

案例 1-4

求职者的失误

一家 www.careerbuilder.com 网站对 400 余名负责招聘的经理进行了一项调查，要求他们回答求职者的哪一种“最令人印象深刻的失误”是导致求职失败的主要原因。结果显示，求职者在面试中的失误是导致被招聘经理拒绝的首要因素。例如，有一些求职者在面试的过程中表现得极其傲慢无礼。一些招聘经理举例说：“有一位求职者竟然以与人约好吃午餐为由，催促我加快面试的进度。”“一位求职者竟然告诉我，他来这里求职的唯一原因是他妈妈希望他能得到这份工作。”“有位求职者在面试的过程中谈到前任老板的某些缺点时，竟然说脏话。”“有位求职者竟然穿拖鞋来面试。”

（资料来源：加里·德斯勒《人力资源管理：第 12 版》）

（三）与事沟通不顺

与事沟通不顺贯穿整个面试过程，一个缺乏沟通巧技能的求职者，在整个面试过程中都会感觉事事不顺，甚至每次面试都不顺利。简历出错、打扮不佳、面试档期“撞车”、错过求职机会、准备不充分、面试表现不如意，诸如此类的不顺利的事情频繁发生，求职之路自然就会坎坷崎岖。

二、掌握面试沟通巧技能，一帆风顺

掌握面试沟通巧技能的求职者，在求职之路上有如神助，自我沟通舒畅，与人沟通和睦，与事沟通顺利，一切都变得一帆风顺。

（一）自我沟通舒畅

掌握面试沟通巧技能的求职者，能够正确地认识自我，在基于自身素质和客观现实之上，找到一份理想的职业。这样的求职者，愿意花时间来深入探索自己，分析自己的性格兴趣，确定自己感兴趣又合适的职位。更优秀的做法是在求职之前就已经做好了自己的职业生涯规划，对于面试官提到的“你对将来的打算是什么？”等问题，能够流利地表达清楚。

（二）与人沟通和睦

与人沟通不仅要让对方听得清楚，更要让对方听得舒服，这在面试中显得尤为重要。缺乏巧技能的沟通方式，沟而不通；掌握巧技能的沟通方式，沟通和睦。在面试中，积极营造一种和睦的沟通气氛，有助于促进求职者和面试官的沟通互动，不仅能让求职者超常发挥，也能给面试官留下深刻的印象，在面试中取得高分。

（三）与事沟通顺利

为什么有的求职者一次面试就拿下 offer（录取通知），而有的求职者每天四处奔波，却只是重复上演失败。为何自己的求职之路如此坎坷？与其抱怨客观现实的不公平，不如多花点时间从自己身上找原因。许多不顺利的事情，其实是求职者自己在与事沟通上没有运用相应的巧技能。这完全是可以避免的。一个真正掌握了面试沟通巧技能的求职者，对待面试的各个环节都能巧妙地处理，仿佛一切都已经在预料之中，求职之路自然一帆风顺。

2

chapter

第二章

面试前：沟通巧技能

第一节　自我认知

沟通既包括人与人之间的沟通，也包括人与自我的沟通。我们总是在意与别人的沟通，却忽略了自我沟通的重要性。在与别人沟通之前，求职者首先应该认知的便是自我。只有正确认知自我，才能保证高效的面试沟通。

一、什么是自我认知

首先要纠正许多求职者的一个错误观念，自我认知不是一味地反思自我的不足，或是沉浸于自己的优势。正确的自我认知是客观地看待自我、接受自我，直面最真实的自己，并找到自我成长的路径。在面试之前，求职者要正确认知自我，才能有助于找到真正适合自己的工作。所谓的自我认知，需要理解三个最基本的问题，即“是什么”“有什么”和“要什么”。

（一）是什么

自我认知的第一步就是认清自己是一个什么样的人，这不仅关系到求职，更与自己的整个人生息息相关。具体来说，要全面认清自己，至少需要了解以下四个方面：性格特征、兴趣爱好、技能特长和工作价值观。

1. 性格特征

提及自我认知，求职者首先会想到用什么形容词来形容自己？“内向”还是“外向”？“活泼开朗”还是“沉着稳重”？每个人由于基因、原生家庭、学习教育、生活环境等元素的影响，在自我成长中会形成自己的特有个性。自我认知的第一步，就是正确地识别自己的性格特征。

性格特征没有绝对的好坏之分，关键在于融入合适的环境中。不同的性格特征适合不同的工作岗位，如果强迫自己从事与自我性格特征格格不入的工作，不仅会感到不舒适，而且也没办法做好工作。

2. 兴趣爱好

不少研究表明，兴趣爱好是影响人们工作满意度的重要因素。“爱一行干一行”或者“干一行爱一行”？相信绝大部分求职者更倾向于第一种，而现实情况却是第二种居多，原因在于求职者对自己喜欢什么都说不清楚。

不少求职者感觉自己似乎没有什么兴趣爱好，或者感觉兴趣爱好太多了。这是由于求职者过分在意外界的看法，忽略了自己内心的真实感受，或者由于外界的压力导致自己没有精力去培养自身的兴趣爱好。还有一部分人是因为在兴趣培养过程中受到了挫折，缺乏成就感。求职者应该正视自己的兴趣爱好，用足够的自信和投入度去发展自己的兴趣爱好。当然，这需要求职者注重日常的积累，而不是在面试前敷衍了事。

3. 技能特长

“你擅长什么？”几乎是每个面试官都会提及的问题，而又有多少求职者能清楚地回答出来呢？技能特长既有天赋方面的才能，也有通过后天的学习而获得的能力，而更多的是由兴趣爱好转变而成的。

如果求职者的技能特长与工作要求相匹配，就大大增加了面试成功的概率，不仅如此，在工作开展过程中也会更加得心应手，容易取得成就感。所以，在面试前，求职者一定要正确辨别自己的技能特长。

4. 工作价值观

价值观是人们对待生活方方面面的选择倾向，而此处所指的价值观特指工作价值观，即人们追求的与工作有关的目标。工作价值观是人们在工作中的内在驱动力，对求职者的职业生涯发展起到决定性作用。

在选择工作过程中，有人看重薪酬，有人看重户口，有人看重发展空间，这就是求职者的工作价值观。在面试之前，求职者要考虑清楚自己的工作价值观，将自己看重的因素进行排序，并与现实情况相对比，争取实现“利益最大化”。

案例 2-1

适合的才是最好的

小王和小林在大学时是睡上下铺的好友。毕业时，小王认为，个人要想发展，就应当进大公司去寻找广阔的发展空间，因为大公司名气大，牌子硬，管理规范，发展的机会很多。所以，他立志要到大公司去实现自己的梦想，并且通过努力如愿以偿进了一家大公司。小林则认为，人在哪里工作不是很重要，重要的是要能施展自己的才能，实现自己的价值。他还认为，在小公司里，人少，个人发展的机会反而可能更多。所以，毕业时他找了一家小公司。

后来，在工作实践中，由于小王所在的公司人才济济，他只能做一些与自己的专业没有什么关系的杂活，在相当长的一段时间里，他所在部门的重要工作都由领导安排其他人去做，根本轮不到他去实现自己的愿望。小林的公司由于人手少，有了活大家一起干，工作成果见效快，他的才能在这里也很快就显露出来。不久，小林的公司由于业务发展了，成立了一个策划部，由他出任策划部的经理，负责招聘一批年轻人来部门工作。

小王和小林经过一段时间后，一个是郁郁寡欢，很不得志；另一个是如鱼得水，快马加鞭。

（资料来源：笔者依据相关资料整理）

（二）有什么

认清自己是一个什么样的人固然重要，但自我认知并不仅限于此，这也是求职者经常忽略的一个环节，即进一步认清自己有什么。这里所谓的“有什么”，具体是指求职者所拥有的身体素质、所具备的资源条件和所处的外界环境。

1. 身体素质

俗话说“身体是革命的本钱”，在选工作之前，不要被薪酬待遇蒙蔽了双眼，却忽略了自己的身体是否能够胜任该工作。对于频繁的出差、常态化的加班、朝五晚九的工作时间，或者是一些对身体素质有特殊要求的岗位，自己是否真的能承受住考验？当然，没有公司会要一个病恹恹的求职者，为了能让自己有更多的选择，也是为了能够更好地生活，求职者应该养成积极锻炼的好习惯。

2. 资源条件

无论是制作简历还是正式的面试，一个中心原则就是打造出自己的亮点，而这亮点就来源于自己所具备的资源条件。所谓的资源条件包括自身的软硬实力、工作经验、客户资源、人脉关系、技术方案等方面。如果求职者在面试过程中能够准确地告诉面试官“我拥有 ××× 客户资源”“我掌握了 ××× 技术”等，至少能为自己提供有利的筹码。

3. 外界环境

严格来说，分析外界环境并不属于自我认知的范畴，但一个人如果想要正确地认知自我，就不能脱离自己所处的大环境。举一个简单的例子：一个就读于理工科学校的大学生，毕业后想找工作，如果选择一个性质相近的行业（比如汽车制造业、互联网技术行业等），就会比其他就读于文科学校的求职者更有优势。不想做一个随波逐流的求职者，就要学会分析外界环境，将自我放到实际环境中去分析，才能找准自我定位。

（三）要什么

自我认知的最后一步，也是自我认知的最终目的，就是认清自己究竟想要什么，也就是确定自己的目标。目标又分为长期目标、中期目标和短期目标，既要有为之持续奋斗的长期目标，也要有切实可行的短期目标。在确定目标的过程中要考虑众多因素，前面所提及的个人特征、身体素质、资源条件、外界环境等方面都会影响自己的决策，这是一个复杂的决策系统，需要求职者根据自身实际情况和现实要求，客观理智地做出决策，切忌片面思考问题，或者被某方面因素蒙蔽了双眼。

当然，脱离实践来谈目标是不切实际的。只有真正投入到实践中，才能熟悉某项领域，才能认清自己想做什么、适合做什么。在最终的选择来临之前，先为自己积累丰富的实践经验，切忌闭门造车。

二、如何认知自我

既然自我认知如此重要，求职者如何才能正确地认知自我呢？常见的方法主要包括以下四种：回归自我、自我总结、借助他人和测评工具。

（一）回归自我

回归自我的方法主要是指通过原生家庭寻找自我。原生家庭是一个人一生中与他人接触最早、维持最久，也是最错综复杂的社会生活单位。在自我认知阶段，梳理原生家庭是非常重要的一个步骤。通过对家庭影响的分析，比如情感、性格、价值观、生活习惯等方面，能够更加准确地认清自我，同时也对“我为什么是这个样子”有一个更加合理的解释。当然，终有一天，我们也会脱离原生家庭，以“独立的自我”出现，去接受新环境的影响，在工作生活中不断自我成长。

（二）自我总结

要做一个会干活的人，更要做一个会总结的人！如果每天只是忙碌地在应付生活和工作，到头来则连自己为什么要工作都没想清楚。不妨偶尔停下脚步，放空自己，静下心来与自己对话，了解自己究竟是什么样的人。求职者在日常的工作生活中，需要养成良好的总结习惯，比较有用的方法就是写日记和读人物传记。通过写日记来记录生活和工作的点点滴滴，思考自己对待生活、工作的态度和行为。通过读人物传记，为自己找到一面镜子：一方面，思考自己与那些名人是否有相似之处，名人又是怎么做的；另一方面，反思自己与名人相比的不足之处，向名人学习。在不断的自我总结中，才能时刻保持清醒的自我认知。

此外，自我总结也不能忽视对自我情绪的管理。灵魂与肉体构成了一个完整的人，灵魂不仅影响着肉体，也会通过肉体来传达，情绪即是如此。对待自己的情绪，求职者首先要认识它，然后是接受它，最后是纾解它。情绪有喜怒哀乐之分，其本身并无好坏之分，求职者应该认识并接受它。但是，不管是在工作中还是生活中，都要尽量避免由于情绪带来的负面影响，这就需要求职者能够合理地纾解自己的情绪。

（三）借助他人

认知自我并不意味着求职者只能通过自己的苦思冥想来找到答案，他人的意见也能帮助自己客观地评价自己。在日常生活中，可以请一些敢于说真话的领导、同事、同学、老师、朋友或恋人，虚心倾听别人的意见或评价。当然，求职者也不能完全听从别人的看法，把自己活成别人想要的样子，“邯郸学步”终究只会迷失自我。正确的做法是客观地看待他人的意见，不偏听、不寡信，不骄傲、不自卑，将别人的意见作为参考，帮助自己更加客观、更加有理有据地认知自我。

（四）测评工具

如果求职者实在不知道如何认知自我，不妨试试通过一些测评工具。比较经典的测评工具有 MBTI、霍兰德职业兴趣测试、北森测试等。这些测评工具会通过一系列问题和情景模拟，根据被测者的回答来分析被测者的性格、兴趣、价值观等方面，并为被测者推荐适合的工作岗位。当然，测试的结果只能作为参考，需要求职者客观地对待。

案例 2-2

霍兰德职业兴趣测试

霍兰德职业兴趣自测 (Self-Directed Search) 是由美国职业指导专家霍兰德 (John Holland) 根据他本人大量的职业咨询经验及其职业类型理论编制的测评工具。

霍兰德认为，个人职业兴趣特性与职业之间应有一种内在的对应关系。根据兴趣的不同，人格可分为研究型（I）、艺术型（A）、社会型（S）、企业型（E）、传统型（C）、实际型（R）六个维度，每个人的性格都是这六个维度的不同程度的组合。

● **社会型 (S)**

共同特征：

喜欢与人交往、不断结交新的朋友、善言谈、愿意教导别人。关心社会问题、渴望发挥自己的社会作用。寻求广泛的人际关系，比较看重社会义务和社会道德。

典型职业：

喜欢要求与人打交道的工作，能够不断结交新的朋友，从事提供信息、启迪、帮助、培训、开发或治疗等事务，并具备相应能力。如：教育工作者（教师、教育行政人员），社会工作者（咨询人员、公关人员）。

● **企业型 (E)**

共同特征：

追求权力、权威和物质财富，具有领导才能。喜欢竞争、敢冒风险、有野心、抱负。为人务实，习惯以利益得失、权力、地位、金钱等来衡量做事的价值，做事有较强的目的性。

典型职业：

喜欢要求具备经营、管理、劝服、监督和领导才能，以实现机构、政治、社会及经济目标的工作，并具备相应的能力。如项目经理、销售人员、营销管理人员、政府官员、企业领导、法官、律师。

● 传统型(C)

共同特点：

尊重权威和规章制度，喜欢按计划办事，细心、有条理，习惯接受他人的指挥和领导，自己不谋求领导职务。喜欢关注实际和细节情况，通常较为谨慎和保守，缺乏创造性，不喜欢冒险和竞争，富有自我牺牲精神。

典型职业：

喜欢要求注意细节、精确度、有系统、有条理，具有记录、归档、根据特定要求或程序组织数据和文字信息的职业，并具备相应能力。如秘书、办公室人员、记事员、会计、行政助理、图书馆管理员、出纳员、打字员、投资分析员。

● 实际型(R)

又称为“现实型”。

共同特点：

愿意使用工具从事操作性工作，动手能力强，做事手脚灵活，动作协调。偏好于具体任务，不善言辞，做事保守，较为谦虚。缺乏社交能力，通常喜欢独立做事。

典型职业：

喜欢使用工具、机器，需要基本操作技能的工作。对要求具备机械方面才能、体力或从事与物件、机器、工具、运动器材、植物、动物相关的职业有兴趣，并具备相应能力。如技术性职业（计算机硬件人员、摄影师、制图员、机械装配工），技能性职业（木匠、厨师、技工、修理工、农民、一般劳动者）。

● 研究型(I)

又称为“探索型”。

共同特点：

思想家而非实干家，抽象思维能力强，求知欲强，肯动脑，善思考，不愿动手。喜欢独立的和富有创造性的工作。知识渊博，有学识才能，不善于领导他人。考虑问题理性，做事喜欢精确，喜欢逻辑分析和推理，不断探讨未知的领域。

典型职业：

喜欢智力的、抽象的、分析的、独立的定向任务，要求具备智力或分析才能，并将其用于观察、估测、衡量、形成理论、最终解决问题的工作，并具备相应的能力。如科学研究人员、教师、工程师、电脑编程人员、医生、系统分析员。

● 艺术型(A)

共同特点：

有创造力，乐于创造新颖、与众不同的成果，渴望表现自己的个性，实现自身的价值。做事理想化，追求完美，不重实际。具有一定的艺术才能和个性。善于表达、怀旧、心态较为复杂。

典型职业：

喜欢的工作要求具备艺术修养、创造力、表达能力和直觉，并将其用于语言、行为、声音、颜色和形式的审美、思索与感受，具备相应的能力。不善于事务性工作。如艺术方面（演员、导演、艺术设计师、雕刻家、建筑师、摄影家、广告制作人），音乐方面（歌唱家、作曲家、乐队指挥），文学方面（小说家、诗人、剧作家）。

（资料来源：百度百科）

第二节　获取面试相关的信息

一、获取哪些信息

（一）招聘渠道

在找工作前，我们首先要知道去哪里找工作。常见的招聘渠道包括：人才市场、招聘会、人才中介、招聘网站（应届生求职网、猎聘网、智联招聘、前程无忧、大街网等）、公司网站、员工推荐（内推）、内部招聘等。不同的求职渠道具有不同的优势，求职者和面试官可根据实际情况，选择最适合的招聘渠道。

案例 2-3

千年古刹招聘成功的背后

最近，广东韶关千年古刹东华禅寺举行了一次甚为成功的社会招聘活动。该招聘活动引爆了网络及平面媒体，产生了极大的反响。

首先，寺庙对外公开招聘，这本身就是非常吸引眼球的事件，尤其还是一座千年古刹。寺庙对于普通大众来说一直都披着非常神秘，且带有浓厚宗教色彩的面纱，外人对于里面所发生的事情，有什么样的故事，僧侣平常的生活、讲经念法是怎么举行的都有着强烈的好奇心，总想一探究竟。而这次东华禅寺对外的公开招聘则给了我们芸芸众生一次满足好奇心的机会。哪怕最后寺庙没招到什么人才，至少它已经达到了宣传的目的。

其次，招聘广告的文案策划达到了吸引求职者的目的。没有什么“高薪诚聘”，也没什么华丽辞藻来渲染，只是几句“我佛要你”“我佛招才”“我佛寻贤”“我佛纳士”就能达到吸引足够多的求职者的目的。

第三，东华禅寺这次招聘过程充分利用了现代科技工具的优势。它在网络上推出 APP 人才广告，利用现代社交媒体进行传播，立刻在微信朋友圈爆红，获得了百万的点击量，并且获得了 4000 多份简历，把邮箱挤爆。

4 月 19 日，整个东华禅寺的招聘活动暂告一个段落，50 多人参加首轮笔试。在笔试环节，求职者需要通过手机来完成MBTI测试。经过最后面试，有3名应聘者成功入围。回顾整个招聘过程，从话题营销到招聘文案设计，从笔试到面试还加上了MBTI测试，如果不看招聘单位，你可能会认为这是一家充满雄心、想干出一番大事业且真心求才的企业。可它偏偏是一家千年古刹。

（资料来源：根据互联网资料整理）

随着互联网的不断发展，用人单位纷纷开始采用更加新颖的招聘方式，像东华禅寺的这场招聘，充分利用了社交平台的传播能力，大大提高了招聘宣传的力度，求职者也要及时掌握最新的招聘渠道。

（二）企业背景资料

1. 企业相关信息

求职者应当对用人单位的性质、地址、业务范围、经营业绩、发展前景等有一个全面的了解。单位的性质不同，对求职者面试的侧重点就不同。如果是公务员面试，内容和要求与企业公司相差很大。公务员侧重于考察时事、政治、经济、管理、服务意识等方面。而一位资深人力资源专员说："面试时，我们都会问求职者对我们公司了解多少，如果他能很详细地回答出我们公司的历史、现状、主要产品，我们会高兴，会认为他很重视我们公司，对我们公司也有信心。"同时求职者还应该通过熟人、朋友或有关部门了解面试官的有关情况及面试的方式和过程。

2. 企业文化

企业文化是在一定的条件下，企业生产经营和管理活动中所创造的具有该企业特色的精神财富和物质形态。它包括文化观念、价值观念、企业精神、道德规范、行为准则、历史传统、企业制度、文化环境、企业产品等。企业文化是企业的灵魂，是推动企业发展的不竭动力。

各公司的企业文化各有不同，人的个性也千差万别。进行个人的企业文化评估的意义在于，识别并引进符合公司企业文化的员工，了解员工与企业文化的契合度及进行针对性的文化培训。企业文化并非有严格优劣之分，“符合”是标准。有些企业文化要素与个人性格等呈高相关，不易改变，在招聘时就需要与标杆分数做严格匹配，保证新员工与企业文化的要求相符合。

对于求职者而言，更应该在参加面试之前，就明确这家公司的主流文化。比如现在一些知名的互联网公司，强调“狼性”文化、加班文化，那么在求职时就要加以考虑，自己是否适合这样的企业文化。

案例 2-4

知名外企人才招聘原则大揭秘

■ 壳牌：3 个“发展潜质”

壳牌招聘大学毕业生主要是着眼于未来的需要，所以十分看重你的发展潜质。壳牌把发展潜质定义为“CAR”，即：分析力(Capacity)、成就力(Achievement)、关系力(Relation)。分析力(Capacity)：能够迅速分析数据和学习。在信息不完整和不清晰的情况下能确定主要议题。分析外部环境的约束。分析潜在影响和联系；在复杂的环境中和局势不明的情况下能提出创造性的解决方案。成就力(Achievement)：对自己和他人有挑战性的目标。为出成果，百折不挠。能够权衡轻重缓急和不断变化的要求。有勇气处理不熟悉的问题。关系力(Relation)：尊重不同背景人提出的意见并主动寻求这种意见。表现诚实和正直。有能力感染和激励他人。坦率、直接和清晰地沟通。建立富有成效的工作关系。

■ IBM：3个“高绩效”

IBM需要“高绩效”的人才。在IBM的“高绩效”文化中，主要包括以下三个方面：第一个是Win，就是“必胜的决心”；第二个是Execution，就是“又快又好的执行能力”；第三个是Team，就是“团队精神”。

■ 诺基亚：2个“以人为本”

诺基亚的企业文化的核心是“以人为本”。体现在人才的判断价值上，公司是通过两个方面去实践“以人为本”的。一是硬件系统，包括专业水平、业务水平和技术背景，一般由部门的执行经理来考察；二是软件系统，包括沟通能力、创新能力及灵活性等，一般由人力资源部门来考察。

■ 西门子：对企业家7个要求

百年老店西门子被誉为“企业家的摇篮”。事实上，西门子寻找的正是“企业家类型的人物”，他们对未来的“企业家”的7个基本要求是：良好的考试成绩，丰富的语言知识，广泛的兴趣，强烈的好奇心，有改进工作的愿望，以及在紧急情况下的冷静沉着和坚毅顽强。

■ 松下电器：“70分”的人才

松下创始人松下幸之助先生被誉为“经营之神”，但松下却并不需要顶尖级的“100分”人才，他们只要“70分”就够了。松下的管理理念是“适当”，即“适当的公司，适当的人才”。而“100分”的人才对公司并不一定“适当”，他们往往过分自负，不太愿意与人平等沟通、默契合作，还爱抱怨环境，计较企业给予的职位和待遇，以这样的心态来工作，对企业绝非有利。而“70分”的人才，则珍惜公司给予的工作机会，看重企业交付的信任和委托，积极上进、肯学习、富有竞争的激情，“70分”的人才如果使用得当，同样会发挥出巨大的能量。所以，松下的管理公式是：能力×热忱＝劳动成果。

（资料来源：根据互联网资料整理）

（三）岗位说明

在一份招聘启事中，一般包含所招聘岗位的名称、人数、工作职责、工作地点、薪酬福利安排及任职资格要求等，如表2-1所示。求职者通过阅读这些信息，可以明确该岗位的具体工作情况，帮助自己评估是否能够胜任这项工作，明确这项工作是否是自己所喜欢的。“知彼知己，百战不殆”。求职者面试前应对自己的能力、特长、个性、兴趣、爱好、长短处、人生目标、择业倾向有清醒的认识，使自己的能力与用人单位工作的要求相符合。参加面试时，通过显示自己对知识的掌握和理解，来展示自己能够胜任这一项工作。

表 2-1 销售代表招聘岗位说明

招聘岗位	销售代表（全职）
福利待遇	五险一金、带薪年假、员工旅游、节日福利
工资待遇	4000 ~ 20000 元 / 月
招聘人数	10 人
岗位职责	1. 通过培训，学习了解房地产专业知识，熟悉项目； 2. 通过电话、网络、陌拜及其他方式开发客户； 3. 通过带看、挖掘客户需求、匹配方案，直至成交签约
任职资格	1. 专科及以上学历（应届生、退伍军人优先考虑）； 2. 对销售类工作有强烈意愿、兴趣； 3. 能承受工作带来的较大压力； 4. 具备团队协作精神及较好的学习总结能力

（四）面试要求

在获取面试资格之后，负责招聘的 HR 一般会通过发送邮件或者电话沟通的方式，向求职者提供关于面试的信息：面试时间、面试地点、面试须携带的资料、面试官安排及面试内容等。如果有条件的话，还可以通过求职论坛、公司员工及其他人，获得较为详细的面试安排（如面试流程、面试问题等）。而求职者在拿到这些信息之后，也要积极准备，模拟面试官可能询问到的问题，帮助自己在面试的时候能够清晰地表达自己的想法。

案例 2-5

曾国藩“面试”选人的故事

晚清中兴四大名臣中的曾国藩善于识人用人，下面的事例来自于他的一次“面试”选人的故事。

有一次，李鸿章带着三个人去见曾国藩，碰巧曾国藩出去散步，李鸿章便让此三人在门口等候。当曾国藩回来的时候，看到门口有三个人，他左边看一眼，右边看一眼，中间看一眼，什么话也没说就走了进去。李鸿章问老师对此三人的评价，曾国藩回答道：“左侧之人可用，但只可小用：右侧之人万万不可用；中间之人可用，且可大用。”李鸿章对老师“一眼识英雄”非常敬佩，问其原因，曾国藩说：“左侧这个人，我看他一眼，他也看我一眼，我再看他一眼，他就把眼皮顺了下来，不敢再与我对眼神了。这说明他心地比较善良，但是气魄不够展开，所以可用，但只可小用，授予营务处副处长足矣。右侧这个人，在我看他的时候，他不敢看我，当我不看他的时候，他又偷偷地看我，很明显这个人心术不正。然而，中间这个人，我看他一眼，他也看我一眼，我上上下下扫他一眼，他又堂堂正正地打量了我一番。说明此人心胸坦荡、气魄宽广，可用，而且可以大用。”此时，李鸿章幡然醒悟，并遵照老师的指点派用此三人。

在这三个人中，左右两人已经无从考究，但是，中间这个人就是被李鸿章重用并成为晚清淮军著名将领、台湾第一巡抚的刘铭传。

（资料来源：根据互联网资料整理）

二、灵活运用获取的信息

在获得了面试单位及面试岗位的相关信息之后，求职者要考虑如何灵活运用获取到的这些信息，帮助自己顺利通过面试。比如，求职者从该公司员工的口中得知，公司需要的是积极外向的人，那么求职者就要做好准备，在面试中积极表现自己，争取机会。

获取的信息能够帮助自己制订一份有针对性的工作计划。根据对应的职位要求和公司情况，草拟一份工作计划带过去，让对方知道自己上任之后下一步的工作思路。一方面是展现自己的专业实力，另外一方面也是展现自己的诚意。切尔西老板阿布拉莫维奇谈到当年选择穆尼尼奥来当主教练的原因时说："面试的时候，穆尼尼奥打开他的计算机，向我展示他的 PPT，从建队思路，到转会市场的规划，具体到每个位置需要怎么补强，他都事无巨细地写下来了。所以当场我就拍板要他了！"我们不一定要像穆尼尼奥那么抠细节，但是如果遇到一份梦寐以求的工作机会，做一份工作计划带过去绝对能让自己魅力翻倍。

案例 2-6

面试不打无准备之战

小李是某外语院校国际贸易专业的应届毕业生，现供职于某知名化妆品企业。在一次学校举办的求职分享会上，他向同学们分享了自己的求职经历。

临近毕业，小李和同学们一样忙得团团乱转，哪里有人才市场，哪里就有他的身影。房地产公司，财政部门，银行，高校，咨询公司，销售公司……他几乎把所有与专业挂钩的单位都跑遍了，投了很多简历。良好的开端是成功的一半。不久，各个单位的面试通知果然开始陆陆续续地来了。

他经历的第一次面试是失败的，主考官当时让他即兴做一回5分钟的推销员。“当时我就懵了，不知道还有这招。”

后来又经历了一次面试。这回，主考官的花样是将10位求职者围成一个圆圈做抢答题。吃一堑长一智，他这次妙语连珠，而且把答案设计得与众不同。当时他觉得自己表现得很出色，可还是落选了。事后，他询问主考官，主考官说：“我们单位最看中的是招聘者有务实的工作态度和真诚的合作意识，你的口才很好，但我们不需要。”他这才悟出了一个道理：不同的单位、不同的职位有不同的需要，大智若愚与锋芒毕露都要“适销对路”才有用武之地。

他开始寻找面试应对的资料，在每次面试之前详细地了解对方的基本情况。在去他现在所在的这个公司面试的前一天，他拿着产品介绍书，专门跑到大商场里去辨认这些东西，并且扮成顾客的模样，请售货员讲解产品的性质和特点，他还从中了解到许多市场信息。第二天面试的时候，有备而来的小李凭着过硬的专业知识和灵敏的头脑，不仅流利地回答了考官的问题，还就产品结构与销售情况谈了自己的建议。最后顺利入职现在的公司。

（资料来源：根据互联网资料整理）

获取的信息有助于预测面试官的要求。求职者可以从岗位说明的表述上预测对方需求，并在面试之前推测面试官的要求。比如，“运营总监”的岗位职责里面有一条：以产品体验为核心，通过用户调研、反馈收集和数据分析等方式，与用户沟通，获取用户需求，提炼有效的产品和运营方向。

从这条里面，我们可以分析预测出几个关键点：

1.“以产品体验为核心”意味着：虽然求职者负责运营，但对方希望他也懂产品，并且能更多地介入到产品中（事实上很多创业公司的运营总监常常都是兼任产品经理）。这时候求职者就可以把之前工作经历中关于产品的工作提炼出来并且包装一下说出来。

2.“通过用户调研、反馈收集和数据分析等方式”这里面有个关键词是“数据分析”。要是求职者有数据分析的学术背景，比如数学专业出身，或者之前的运营营销工作非常依赖于数据反馈，再或者之前介入过数据分析的项目，就能为自己增加许多筹码。

3.“与用户沟通，获取用户需求”这里面能拆分出好多点：比如用户调研的方法、工作经历、用户视角的思维方式。这就是一个一个框子，求职者可以选择合适的信息往里面填。

案例 2-7

电影《终极面试》

有一部名叫《终极面试》的电影，讲述的是一家背景神秘的国际药物巨头企业招聘人才，8 位晋升最后面试的精英，被企业安排在密闭的房间进行终极比拼。

房内有 8 张桌椅，桌上各有一份试卷及一支铅笔，面前是一面装上单向镜的墙壁，房间四处有闭路电视监控，唯一的房门由佩枪警卫把守。应征者须在限时 80 分钟内回答一道问题，其间必须遵守三个规则：1. 不得与监考官或警卫交谈；2. 不得离开面试房间；3. 不得涂画答题试卷。违者取消资格，监考官讲解面试规则后，随即启动倒数计时器，离开房间。8 名求职者翻开试卷，发现竟是白纸一张！结束时间愈来愈近，要争取获聘，就要用尽一切方法。

第一个淘汰的人是唯一的亚裔，说广东话，大概是按照香港同胞形象设计，她秉承了中华民族勤奋好学、刻苦认真的优良传统，打算在白纸上写下一整篇庄严肃穆的自荐书。写下第一行字后便被驱逐，此时大概是 77 分钟。余下的应聘者由此推出，要求所谓的不能涂画考卷是指根本不能有任何书写痕迹。

然后，应聘者做出了第一个推测，纸上的字也许不是肉眼可见而是光显的，所以他们试了很多种方法，包括正常的灯、应急灯等。之后第二个推测，是否是铅笔画阴影之类的显示，再次推翻。第三个推测，水显，推翻。第四个推测，纸张照相显影，假设防火喷头中喷出的是显影液，而应急灯光则是暗室环境，最吸引人的推测，可惜结果还是失败。这时，Brunette被White坑害，烧掉了自己的考卷，失去资格，此时为40分钟，还剩6人。

之后，White又诱导Deaf撕掉自己的考卷，失去资格，此时为34分钟左右，还剩5人。

Black崇尚合作，对White的行为忍无可忍，一拳击昏，绑了起来。29分钟时White发病，是当时十分流行的一种不治之症。曾当过兵的Brown猜测一切是场游戏，而剩下人中有HR安插的内部间谍，遂拷问学心理的Dark，未果。White病情加重，为救White，Dark与摄像头交流，被逐出房间，取消资格，还剩四人。

Blonde终于找出药，救了White。之后，White终于说出了自己对问题和答案的理解，问题就是他们8个人，而答案就是只有一个人能留下，按照White的想法他们必须用尽手段，直到只剩下一人。这一想法把在场应聘者都雷倒了，但是他们马上陷入一场关于保安配枪的争夺战，White最终胜利。在枪的逼迫下Brown主动退出，Blonde在退出时耍了个小手段，结果使Black中枪，二人皆以为Black身亡，此时计时器到点，而屋中还剩二人，White渴望与幕后人交谈却被逐出，原来在35分钟时，Deaf曾对计时器做了手脚，把时间拨快。于是，只剩下Blonde一人。

最后，Blonde 灵光闪现，用 Deaf 遗留下的眼镜和灯罩的玻璃碎片自制放大镜，在考卷上找到如下字样“question 1”，再回忆起开始的考试要求，提的问题只有一个，那便是前面引用的考试要求的最后一句话，“Any questions?”所以这场面试的唯一答案便是“No”。而最后我们也终于发现，Deaf 便是整个公司的幕后老大，所选的人便是 Deaf 的助手。

（资料来源：根据电影《终极面试》整理）

这是一部推理严谨的电影，与生活中常见的面试有很大的区别，通常企业招聘不会像侦探破案一样艰难。但是该影片仍旧有很强的借鉴意义。设想一下，如果你是该片中的幕后老板，你需要的员工应当具备哪些品质？你会选择这 8 个人中的哪一位？那么再回头看看这个面试题目的设计，有没有考察到这些需要的品质。这就提醒我们，在求职面试前应当获取充分的资料，帮助自己预测面试官的各种测试，顺利通过面试考核。

第三节　赢 得 机 会

在这场名为“求职”的战斗中，有 80% 的求职者还没来得及大展身手就已经被淘汰。如今的社会不存在“怀才不遇”的说法，因为机会只留给有准备的人！不懂得如何赢得机会的求职者，往往只能在“求职的门口”徘徊。

案例 2-8

求职越来越难

（1）某日本知名企业T，某次前往国内某大学校招，活动结束后在现场翻阅简历，实习生刚开始动手，日企的一位HR高管看堆积如山的简历，皱了皱眉头，直接拿起三分之一的简历扔进了垃圾箱。

他的理由是：我们公司不需要运气不好的员工。

网上甚至传言，用人单位的HR会用手掂量简历的重量，通过简历的重量来衡量简历的“质量”，并直接扔掉“过轻”的简历。

这些故事仿佛过于夸张，却是真实存在的。当然，现在大部分用人单位不会允许这种情况的出现，但这些故事实实在在反映了如今求职的困难，对于求职者来说无疑是巨大的打击。

（2）表2-2显示了2010—2016年我国城镇登记失业率，从表中可以看出，我国近几年来的城镇登记失业率居高不下，而我国人口越来越多，这意味着失业的人群越来越多。

表 2-2　2010—2016 年我国城镇登记失业率

年份	2010	2011	2012	2013	2014	2015	2016
失业率	4.1%	4.1%	4.1%	4.1%	4.1%	4.05%	4.05%

（3）2017年7月1日，上海第一家无人超市落地，24小时营业，没有一个员工，消费者只需三个步骤就能自动扣款，无须排长队、

买完东西就能走，快捷高效。平均一个人可以一天管理十家这种无人超市，大大节省了人工成本。近期，马云与娃哈哈集团董事长已经联手宣布：未来几年，将在全国开设10万家无人超市。紧接着，京东CEO刘强东也正式宣布：要在全国开设50万家京东便利店。无人超市的到来使得大数据行业继续爆发，在带来便捷的同时，也给社会造成了巨大的冲击。

（资料来源：笔者依据相关资料整理）

就业形势越来越严峻，大数据时代的到来也意味着更多的人群要面临失业的危机。“人”的价值得到了全新的诠释，要想让自己的价值得到认可，除了自身要有过硬的实力之外，更重要的是如何运用巧技能赢得机会！

一、展示自身特色

八仙过海，各显神通。正如前面的案例中所提到的，在竞争如此激烈的劳动力市场上，用人单位的“入场券”变得更加一票难求。面试就像一个沟通系统，在进入这个系统之前，求职者唯有充分展示自身特色，才能获得与HR进一步沟通的机会。展示自身特色的方法有千万种，最基础、最直接的方法莫过于定制一份专属的简历。

案例 2-9

一页纸的差距

小张和小李是同一所大学同一个专业的学生，大学四年来，两人无论是在学习还是在实践工作上的表现都可圈可点，不分伯仲。毕业季来临，两人在找工作上却面临着截然不同的命运。

小张投出去的 10 多份简历都收到了面试邀约的回信，一投一个准，两个星期 13 场面试。其中不乏华为、联想、腾讯、中国移动、TCL 等全国著名公司的邀约，最终收到了 3 个 offer。小张从 8 月份就开始制作简历，期间根据不同公司、不同岗位的要求不断修改和完善，等到十、十一月份招聘高峰期来临时，他已经做好了万全准备。

而小李就没这么幸运了，10 月份招聘会之前才开始制作个人简历，从网上下载了一个花哨的模板，把自己的大学经历一箩筐地往简历里面搬，用同一张简历投递了十几家公司，等了两个星期依旧没有消息。

小李百思不得其解，不知道问题出在哪里。听说小张的成功经验后，连忙向他取经。看过小张的简历后，小李即刻明白了他们之间的差距就是那一页纸。

（资料来源：笔者依据相关资料整理）

同样出色的两个人，只因一页纸的差距竟导致两种截然不同的命运。知识的积累和能力的提升固然重要，但不懂得展示自身特色的人，极有可能“被自己”埋没了机会，断送了前程。薄薄的一页简历，其中却暗藏“玄机”。如何定制一份专属的简历，让自己从千军万马之中脱颖而出，不仅需要个人在学习、工作和实践方面有一定的积累，还需学会合理地布局和精彩地提炼。

（一）简历的基本模块

如图 2-1 所示，一份完整的简历应该包括以下 6 个模块。

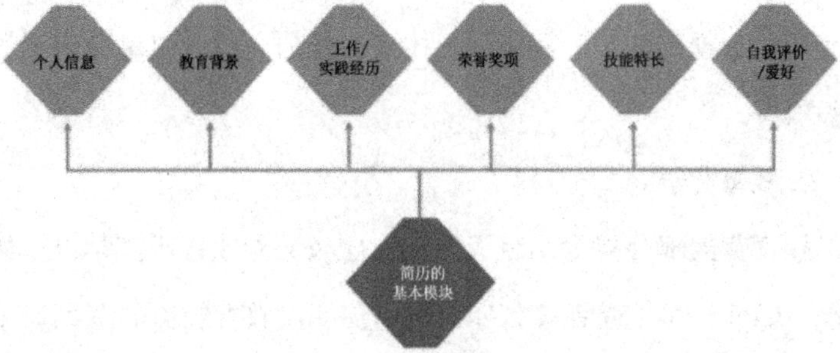

图 2-1　简历的基本模块

1. 个人信息

个人信息部分的要求是简洁、直观、紧凑。通常包括姓名、通信地址、联系方式（电话、E-mail）等必备信息。其中，要保证 HR 能一眼看到自己的联系方式。不少求职者为了让简历看起来更饱满，喜欢将个人信息一条不漏地写到简历上，诸如身高、体重、身份证号等信息，其结果适得其反，反而让自己的简历降了一个等次（除非用人单位有具体特殊要求）。至于要不要贴照片，可以根据用人单位的要求和自身情况而定，如若放上照片，一定要把握好两个尺度：

一是真实，保证照片与本人出入不大；二是形象，保证照片中的个人形象精神干练，朴素大方。

除此之外，个人信息中最重要的一部分就是求职意向/目标职位。这部分内容也可以放在标题的位置或单独作为简历的一部分，但必须保证HR能一眼看到。求职意向或目标职位是简历十分重要的组成部分，却是最容易被忽视的。在写清求职意向或目标职位的时候，一定要把握三个原则：具体、专业和准确。求职者可以大量浏览招聘启事，选择1～2个职位，具体到职位的名称，引用专业术语，准确填写。

2. 教育背景

教育背景部分要写明就读时间、学校、专业、所获学位，如若成绩（GPA）优异或者排名靠前可以注明。教育经历的罗列应采用倒序排列，只需从最高学历开始填写。应届毕业生喜欢在这部分内容中添加自己的所学课程，这种做法有利也有弊。首先，应考虑整个简历的篇幅，如若内容较为充实，则不宜在此处罗列课程，占据了不必要的空间，可以作为附加材料来呈现。其次，如果简历完成后版面较空，可以罗列一些主要课程，但并不是将所有课程不加分类地全部罗列，而是要选取与岗位所需知识相关的课程。最后，如果所列课程成绩优异，也可以附上课程的成绩。当然，前提是要保证自己熟悉该部分内容，以免面试时回答不出相关内容，让HR觉得信息做假或课程“水分较大”。

3. 工作 / 实践经历

工作 / 实践经历是展示自我特色最核心的一部分，是简历中所占比重最大的一部分，也是 HR 最关心的部分。这部分内容主要包括 5 个要素：任职 / 活动时间、任职单位 / 活动名称、职位、主要职责、工作业绩 / 收获。在具体填写过程中应注意以下几点。

（1）时间排序，一般按照倒序方法，将最近发生的且含金量较高的经历重点突出地列在前面。

（2）所选内容，列明与岗位相关的经历即可，要紧紧围绕目标职位。

（3）语句表达，用动词开始句子的表达（如组织、领导、策划），用动词表现取得的成绩（提高、改进、增加）。多用数字说话（营业额、排名、规模），尽量引用专业术语（如应聘人力资源岗位，语句中应多出现“招聘、绩效、培训、薪酬”之类的关键词）。

（4）强调重点，强调自己做了什么，如何做的，取得了什么（成功的）结果，突出自己的专业和技能（与职位相关的）。

整个内容必须紧紧围绕目标职位，可以提前看看用人单位的招聘启事，仔细研读其岗位职责和任职要求。举例如下：

2010.06—2013.08　××汽车公司　区域营销经理

★ 分析市场环境，根据整体战略制订区域营销计划，具备较强的宏观分析能力；

★ 带领 n 个人的团队，制定管理政策，促进了团队合作，丰富了团队管理经验；

★ 负责整个华东市场，年销售额 ×××（完成计划指标 200%），市场占有量由原先的 ×× 提升到 ××；

★ 拥有丰富的乘用车客户资源，具备较强的市场开拓能力。

4. 荣誉奖项

荣誉奖项作为求职者能力的体现，往往能为简历增添光彩。通常需要列出获奖名称、获奖级别和获奖次数（可简要说明获奖条件，突出奖项的含金量）。所列奖项应与目标职位具有一定相关性，且不可胡乱编造。若所获奖项较少，可以将这部分内容与“工作 / 实践经历”合并到一块。

5. 技能特长

技能特长这部分内容是向 HR 传达求职者是否具备胜任这份工作的职业技能，重点列出自己的外语水平、计算机技能（包括专业技能和常用的办公软件技能），以及其他与职业、岗位相关的技能。在填写过程中应注意“真实性”，客观认识自己的掌握程度，保证自己在面试过程中经得起“检验”。

6. 自我评价 / 爱好

自我评价 / 爱好作为简历的最后一部分内容，有可能成为加分项，也有可能成为减分项。超过 80% 的候选人喜欢在这部分内容中用一些类似于积极向上、阳光开朗、勤奋刻苦之类的形容词来评价自己，或者罗列一些毫不相关的爱好，这些评价或爱好也许是真实客观的，但对于 HR 来说却是毫无意义的，甚至会引起 HR 的反感，反而让自己的简历降低了一个档次。聪明的做法是基于岗位要求，结合自身特点，有理有据地说明为什么自身具备该项品质。

举例：假设自己应聘的是一个与会计相关的岗位，可想而知“细心”是一个必备要求，则自我评价可以如此阐述：细心谨慎，从事会计工作两年来从未在计算收支过程中出现过错误。

（二）简历的布局排版

案例 2-10

一组关于简历的数据

1. HR 在每份简历上所花的平均时间为 15 秒；

2. 每 245 份简历中有一份获得面试机会；

3. 某些大公司一年内会收到超过 10 万份的面试简历；

4. 在报纸上刊登一个招聘岗位，可以收到 200 份简历；

5. 所有简历中，约有 85% 以上的结局是被扔进垃圾桶。

以上数据来源于美国劳工部对雇主的调查统计，统计结果真实而残忍。调查进一步表明，在被扔掉的简历中，有 70% 的简历被淘汰的原因是简历的样式而不是内容。越来越多的求职者习惯于直接套用网上下载的简历模板，大多千篇一律，抑或花里胡哨。超过 74% 的招聘经理认为简历应该自己做，而不是直接套用模板。

（资料来源：笔者依据相关资料整理）

正如案例中所述，大部分简历被淘汰的原因是由于简历的样式不合格。这就好比爱情一般，“首先你是被ta的美貌所吸引，进一步才会了解到ta的内在美”。为了能让HR愿意在自己的简历上停留15秒，简历的布局排版显得尤为重要。

1. 简历的模板

提到制作简历，大家的第一反应应该是想借鉴已有的简历模板。在选取简历模板的过程中，普遍的想法是让自己“与众不同”。面对网络上形式各样的简历模板，候选人反而迷失了方向，究竟什么样的模板才能吸引HR的兴趣呢？有关这方面，上述案例向我们提示了两个重要信息，一是“千篇一律”，二是“花里胡哨”。与其相反的两个关键词应该是“创意”和“简洁”。“创意”是为了让自己的简历显得与众不同，吸引HR的眼球，从万千简历中脱颖而出；“简洁”是为了让招聘感觉舒服，而且能快速获取重要信息。这两者看似矛盾，实则有交集的地方，如图2-2所示。

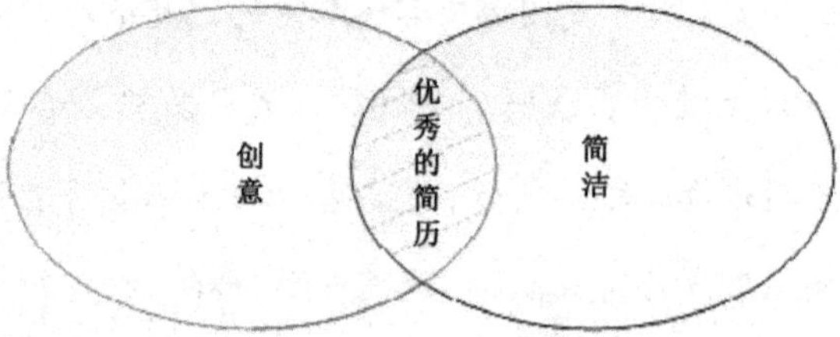

图2-2 简历模板的两大原则

案例 2-11

小一号简历

即将毕业的我们一头扎进了求职大军中。学校为我们准备了一种蓝色的简历封皮，A4 纸大小，封面与封底是由学校最好的教授设计的，端庄大方，无可挑剔。于是，我们将创意发挥到简历内容里，一个个都想方设法把内容做得更有特色一点。

参加招聘会那天的路上，我们都拿出自己的简历来展示，猛然看到小涛的简历非常独特，他的简历居然比我们的简历整整小了一号，里面也没有过多的修饰。我们笑了起来，问他："小涛，你不会连简历都偷工减料吧？"他笑了笑，顺口回答说："我这叫节省资源！"

我们笑得更厉害了，心想，这个家伙真是吝啬到家了，连一份简历都偷工减料。

招聘会场，人山人海，我们很快就被人潮淹没了。当我走过一个个展台的时候，我不禁汗颜，因为在每一个招聘人员的身边都堆着小山般的简历。我每投出一份简历心里就一阵迷茫，因为总是不出几分钟，我就能看到自己精心准备的简历被新的简历重重地压在下面。我甚至怀疑招聘官是否会在招聘结束之后去重新翻出我心爱的简历。我和同学们谈论起自己的担心时，大家的脸上也露出了同样的担忧。

带着这样的失落与好奇，一直到招聘会结束之后，当招聘官们都开始收拾东西离去的时候，我们却迟迟没有离去，特意到几个我们比较抱有期望的公司展台上去看我们的蓝色简历处在什么“位置”。这时，我们惊讶地看到一本小一号的简历，几乎都摆在每个简历堆的最上面。我们一眼就看出来那就是小涛的简历。

我们诧异地问小涛：“你小子暗地里说了什么好话啊！招聘官居然都把你的简历放在最上面，放在第一位啊！那可是最佳位置啊，就是最好机会啊！”

小涛笑着说：“其实也没有说什么啊，就是事先把简历做小了一号，招聘官大概都觉得不好堆在下面，只好放在最上面啦……”

我们顿时惊讶得目瞪口呆，原来，他把简历做成小一号，根本就不是偷工减料，而是为了得到最好的位置，这是多么聪明的做法啊！

他的创意果然得到了收获，他成了同学们里第一个找到理想工作的人。

（资料来源：笔者依据相关资料整理）

首先，简历模板要简洁，才能让 HR 有读下去的欲望。如果做不到创意，至少也要保证简洁。简历尽量浓缩在一页纸内，如果内容较多，可以体现在附加材料里。其次，才是让简历富有创意。创意的方法有很多种，大家普遍的误区是通过颜色、图案等方式来凸显自己，其结果往往适得其反。创意的重点应该包括两方面，一是如何让 HR 在万千简历中先看到自己的简历，二是如何让 HR 以最快的速度在自己的简历中看到他想看到的内容。案例中采用小一号简历的创意做法，为自己争取到了大一号的机会。最后，在借鉴模板的过程中，切忌直接套用模板，特别是在内容表述上，以免失去自身特色。

2. 简历的排版

简历的排版就好像调味剂，排版美观能让自己的简历内容更加色香味俱全，排版杂乱反而会糟蹋了一份美食。HR 每天要筛选成百上千份简历，如果看到的是一份凌乱的简历，难免会感到排斥。一份排版整齐的简历才能为自身的特色裹上一层华丽的外衣。

（1）顺序

简历各部分内容的排序应该贴合 HR 查阅简历的顺序，正常顺序应该是：个人信息→教育背景→工作 / 实践经历→技能特长→荣誉奖项→自我评价。为了能更加明显地突出求职者的特色或强项，求职者可以根据个人情况将自己最有优势的一部分内容放在前面的位置。

（2）比重

简历各部分内容所占的比重也是有讲究的，最重要的一部分就是工作 / 实践经历，至少应占据整个篇幅的 50%。其他各部分内容可视个人情况而定，尽量突出重点和自身的优势。

（3）字体

为保证简历的视觉效果，简历中的字体和大小应统一标准。一份简历中不能超过三种字体（中文字体常用的有宋体、楷体、微软雅黑，英文字体普遍采用 Times New Roman），字体大小适中。为了能突出重点和便于分辨，可适当采用加粗、倾斜等方式凸显小标题的重点内容。

（4）条块分明

简历的整体要做到“条块分明”。“块”指的是各部分内容所处位置应该一目了然，有明显的分界；“条”指的是要学会灵活运用编号和项目符号，多用短语、短句，每句话刚好占据一行，尽量不要长篇大论。如此一来，整份简历看上去充实而不凌乱，带给 HR 一种享受的感觉。

（三）制作简历的注意事项

1. 细心检查

千里之堤，溃于蚁穴。一个小小的错误都有可能让求职者功亏一篑。

案例 2-12

简历都写不好的人才

刘杰是一所 985 重点大学的毕业生，在校期间学习成绩优异，实践经验丰富，综合能力突出，原本在求职上应该一帆风顺才是，但由于自己的疏忽却屡屡与机会失之交臂。

在导师的推荐下，刘杰将简历投递到了一家世界 500 强企业，对于自己出色的能力和一份接近完美的简历，刘杰对拿下这份工作充满了信心。但两个星期过去了，刘杰始终没有收到对方的通知。焦急的刘杰又不好意思打扰导师，无奈之下便自己又投递了几家著名的公司，但同样杳无音讯，直到有一位HR回复了他简短的一句话：尚且不论你的能力有多么出色，但从你的简历来看，你连最基本的事情都做不好。

刘杰连忙仔细检查了一遍自己的简历，发现真相的他狠狠掐了自己一把。原来，简历上的联系电话多写了一位数，而邮箱地址少写了一位数，这让HR如何联系得上你？如何相信你？

（资料来源：笔者依据相关资料整理）

好的简历永远是改出来的。写完简历一定细心多检查几遍，逐字逐句仔细校对，避免出现错字、少字、多字、用词不当、语句不通等错误。别因一字之差让自己成为了笑话，也错失了宝贵的机会。

2. 为不同职位定制不同简历

再优秀的人才都无法用同一张简历包打天下。“一纸多用”是求职者在投递简历过程中常犯的错误，特别是那些选择“海投”的求职者。世界上不存在两片完全相同的叶子，岗位也是。不同单位，不同岗位，即便是相同的岗位，对于岗位的要求也不可能完全一致，而求职者却试图用同一张简历包揽多个岗位，许多不着边际的简历往往让HR哭笑不得。在写简历的时候，求职者无法改变自己的经历和能力，但却可以改变表达的方式。在投递每一家用人单位之前，正确的做法是仔细解读该单位、该岗位的任职要求，根据自身实际情况修改简历，为不同职位定制不同的简历。这可能会占用你一个小时的时间，但这一小时就足以影响你的整个人生。

3. 力求准确

阐述自己的技巧、能力、经验要尽可能准确，不夸大也不误导。确信所写的与实际能力及工作水平相同，经得起推敲和检验。在用词表达上尽量采用专业术语，紧密贴合目标职位。

4. 更新完善

优秀的求职者每天都会进步，简历也要跟上进步的步伐。写完简历之后，需要定期、不定期更新完善自己的简历，最好的做法是每当自己结束一份工作 / 项目 / 实践，或者是增加一份技能时，就及时修改自己的简历。

千里之行，始于足下；不积跬步，无以至千里。最终打动 HR 的不是简历的“外貌”，而是简历的“实质”。而简历内容则需要平时的积累，不断丰富自己的工作经验，打磨自己的技能特长，提高简历的含金量，最终小流才得以汇成江河。

巧技能 1

可供借鉴的简历模板

张三——招聘经理

联系方式：**12345678912**　E-mail：**123456@163.com**　求职意向：**招聘经理**

出生年月：1990.01　政治面貌：党　员　民　族：汉　族

生 源 地：*******　通讯地址：********

教育背景

2008.09—2012.07　清华大学　人力资源管理专业　本科　专业排名第二

主要课程：人力资源管理 98，组织行为学 97，管理沟通与公文写作 97，员工关系 96，管理学原理 94

学生工作

2009.09—2010.06　管理与经济学院学生会办公室——部长；明日之星志愿者总队——外联部部长

- 负责学生会新部员的招聘和培训工作，日常行政事务，以及各部门的协调工作；
- 策划举办了 10 场全校活动，拉取赞助金额达到 10 万元，提升了人际沟通能力；
- 多次参与博览会、支教、温暖西部、绿色环保等志愿活动，累计时长 60 小时。

工作实践

2012.08—2013.09　****公司——猎头顾问

- 负责帮甲方公司猎取合适候选人，期间带领团队负责过**、**等项目，获得甲方公司一致好评；
- 作为猎头顾问到甲方公司办公，与 HR 经理共同开展招聘面试工作，帮助 HR 经理解决招聘问题；
- 招聘岗位覆盖**、**等级别，每月平均产生 offer***位，最高业绩达到**，为公司累计创利**元。

离职原因：公司发展前景不佳，大量裁员。

2013.10—2016.10　****公司——人力资源部招聘经理

- 调查公司各部门、各岗位的供需现状，分析预测供需关系，拟定公司各岗位的招聘计划和方案；
- 甄别、选择和维护多种招聘渠道，并独立开发了高效的招聘渠道，为公司建立了丰富的人才库；
- 与各业务部门经理沟通融洽，招聘完成比率由之前的**%提升到了**%，累计招聘人数**人；
- 根据岗位需求，不断优化面试结构，为公司招聘更加合适、稳定的员工，将员工离职率降低到**%；
- 招聘业绩突出，曾连续两次获得年度“部门之星”荣誉称号，负责带领 4 个人的招聘团队；
- 协助上级完善招聘流程和体系，提出招聘改革方案，获得了上级支持并已经成功落实改革方案。

离职原因：由于家庭原因，需回到家乡稳定发展。

荣誉奖励

2008—2012　➢　**国家奖学金 1 次，校级优秀学生奖学金一等奖 6 次，北京市十佳大学生，青春榜样**

2012—2016　➢　**招聘达人、金牌顾问、部门之星**

技能特长

- 英语六级 590 分，熟练掌握英语听说读写能力，能用英语正常交流；普通话标准，获得一级甲等证书；
- 拥有企业人力资源管理员（国家职业资格四级）证书；参与****招聘培训，获得培训机关颁发的证书；
- 计算机二级，熟练使用 Word、Excel、PPT、Outlook 等各种办公软件，熟悉办公系统的运作和管理。

自我评价

- 热爱人力资源招聘工作，具备人力资源专业知识和丰富的工作经验，熟悉招聘流程和相关法律法规；
- 在与人沟通方面有自己独到的心得体会，擅长通过面试沟通发掘和甄别候选人的能力和品质；
- 注重团队合作，亲自带领团队屡创佳绩；同时喜欢独立思考问题，提出过提高招聘效率和质量的方案；
- 熟悉并擅长开发招聘渠道和招聘工具，人脉广泛，拥有丰富的人才资源，特别是**行业的人才；
- 坚持锻炼，拥有坚强的意志和健康强壮的身体，可以适应高强度的工作，接受挑战性工作。

二、博得“伯乐”赏识

世有伯乐，然后有千里马。纵使求职者有千般能耐，若不被 HR 所赏识，也只能感慨怀才不遇。求职者展示自身特色，前提是能与 HR 架起沟通的桥梁，这是进入沟通系统的必备环节。同时，为了能够博得“伯乐”赏识，求职者还需为自己添砖加瓦。

（一）架起沟通的桥梁

求职者投递简历，HR 筛选简历，这其实也是一个沟通的过程。沟通是一个系统，包含自我、对象、情境、内容、媒介（沟通方式）等要素，各种要素共同构成沟通系统，如图 2-3 所示。

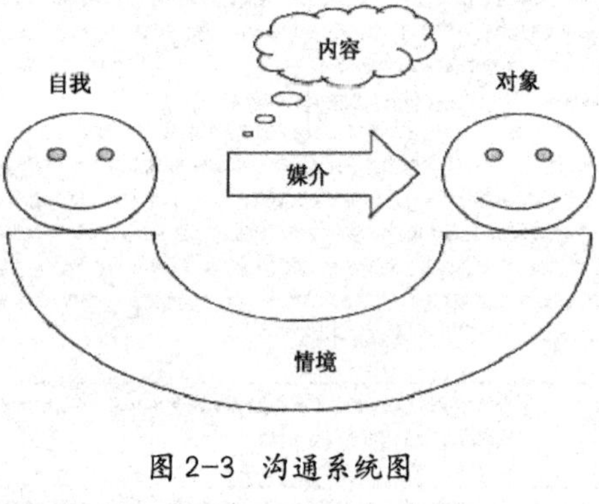

图 2-3 沟通系统图

案例 2-13

为什么你投递的简历总是石沉大海

理想很丰满，现实很骨感。无数候选人满怀希望地向用人单位投递了自己的简历，结果却石沉大海。据统计，平均每投出 16 份简历才会得到 1 个面试的通知（通过率只有 6.3%），究竟为何你投出的简历总是石沉大海？看完 HR 是怎么筛选简历的，也许你就知道答案了。

筛选简历包括筛和选，HR 平均看一份简历只需 15 秒钟。而 HR 获取简历的方式包括求职者投递和 HR 主动搜索两种方式，针对这两种方式又有不同的筛选步骤。

（一）求职者投递的简历

求职者投递的简历一般不会限制格式，求职者有较大的发挥空间，因此 HR 收到的简历将会是五花八门的。HR 可以通过邮箱、公司网站查收电子版简历或直接查收纸质版简历（常见于校招和招聘会现场）。

（1）劣汰

筛选简历的第一步往往是由实习生来操作的，这个步骤非常简单。实习生先整体查看候选人的简历样式，太花哨、太空洞、太冗长、错误太明显的简历一律扔掉；再根据用人单位和岗位对硬性指标的要求（学历、专业、性别、工作年限、工作范畴、婚育状况等）筛掉不符合要求的简历。这个步骤平均每份简历只需花 5 秒钟，剩下的简历不到 50%。

（2）择优

剩下的简历需要进一步择优，HR 或者实习生会花 1 分钟左右的时间再细看候选人的简历。查看的顺序一般如下：再检查一遍学历、专业、性别等硬性指标是否符合要求→工作/实践经历→技能特长→荣誉奖项→自我评价。这个过程的重点在于"工作/实践经历"，HR会对你从事过的行业、职位、工作内容等方面做出判断，是否与所投岗位相贴近。并进一步查看你是否具备胜任这份工作的技能特长，通过这个步骤的筛选，剩下的简历不到30%。

（3）最优

在决定是否给你打电话之前，HR往往会对你的简历再三查阅。这个步骤一般由经验丰富的HR来完成，他们擅长于通过简历掂量你的含金量，甄别简历的真实性，并通过对比选取最优。最后剩下的简历不到20%。

（二）HR主动搜索的简历

为了能招聘到真正合适的候选人，HR往往也需要通过第三方网站来搜索候选人，这也是猎头行业常用的方式。这些网站（诸如猎聘、智联、51job）一般会限定简历的格式，求职者按照格式在网页上填写简历内容，HR可以下载查看求职者的简历。这种方式主要是针对那些有求职意向但没有明确的求职单位的求职者，把自己的简历挂在网站上，等HR来发现自己。当然，求职者也可以向用人单位投递简历。

（1）海选

第一步，HR（往往也是实习生）会通过这些网站系统先搜索一些相关的简历。如图2-4所示，具体操作方法是先在搜索系统上输入关键词（比如HR想招一个跟营销相关的岗位，就会输入"营销、销售、市场”之类的关键词），接着指定候选人从事过的行业、职位类别，再接着限定地址、学历、年龄等硬性条件。通过搜索不同的关键词可以找到不同的候选人。

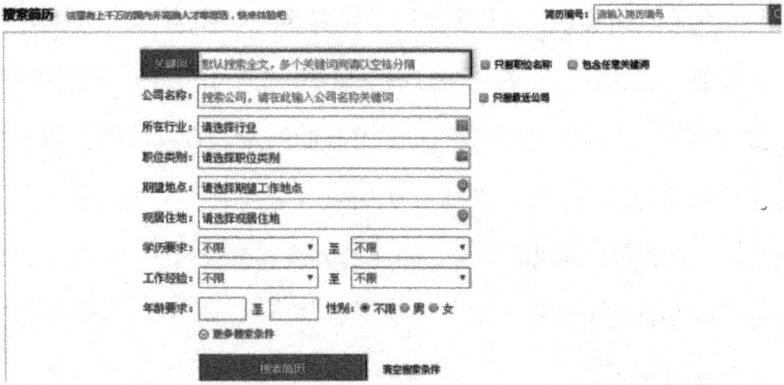

图 2-4　招聘系统操作界面

（图片来源：智联卓聘）

（2）细选

通过海选可以搜索到符合硬性指标、与岗位相近的候选人，但数量较为庞大，HR 不可能每位候选人都点开查看。为了以最快速度找到最合适的候选人，HR 一般会根据匹配度的排序从前往后看，通过网页的列表显示，重点查看候选人的工作单位、职位和关键词所在部分的内容，符合条件的就会下载。

（3）精选

对于下载下来的简历，HR 会仔细查看简历内容，查看顺序也是：再检查一遍学历、专业、性别等硬性指标是否符合要求→工作 / 实践经历→技能特长→荣誉奖项→自我评价。若各项都比较满意，则会进一步电话联系候选人。

（资料来源：笔者依据相关资料整理）

上述案例展示了 HR 筛选简历的一般流程，大部分求职者想要传达的信息尚未送达至 HR 手里就已经被放入了回收箱。沟通断层，如何期待能得到反馈？在整个沟通系统中，“媒介”是无法替代的一个重要因素，甚至关系到整个沟通过程的质量。自身的特色能不能打动 HR 且为后话，首先要保证能找到一条沟通的渠道，连接自我与对象。如何架起沟通的桥梁，常见的方式有投递简历、现场招聘、熟人推荐和社交平台等方式。

1. 投递简历

投递简历一般包括邮件发送和网申。通过邮件投递简历的方式，记得给自己的邮件主题和文件命名，在邮件内容中可简要说明情况。此外，发送的简历最好转换成 PDF 的格式，以免不同软件打开的效果不同，当然前提是要按照对方用人单位的具体要求。通过网申报名的方式，注意仔细阅读填写指南和时间，可以线下先写好，保证了质量后再提交。

当然，如果求职者能获取到 HR 的个人邮箱或其他联系方式，可以直接与 HR 取得联系，表明自己的意向，将会有更加充分的机会可以展示自己的特色。

2. 现场招聘

现场招聘也是常见的一种求职方式。求职者可以通过现场招聘会了解用人单位和岗位信息，现场或根据要求投递简历。应届毕业生可以参加校园招聘会，多接触几个单位，熟悉行业、企业情况。通过这种方式，为求职者和 HR 都打造了一个更加直接的双向沟通平台。

3. 熟人推荐

熟人推荐也不失为一种有效的求职方式。求职者可以通过用人单位的内部员工、或者是有一定关系的亲戚朋友推荐自己，在一定程度上能够增大被选中的概率。另外，随着猎头行业越来越流行，求职者也可以通过猎头机构帮助自己物色并推荐到几个比较合适的用人单位。

4. 社交平台

互联网技术越来越先进，市场上的人才展示自己的平台也就越来越多，HR 获取求职者信息的渠道也越来越丰富。求职者可以通过各种求职网站、招聘网站（比如猎聘、智联卓聘、前程无忧等）与 HR 实现双向沟通，也可以通过在专业网站论坛或微信、微博等社交平台上发布求职信息来引起 HR 的注意。

（二）赢得 HR 的青睐

把简历送到 HR 手上说明求职者离成功更近一步了，但仅靠一份简历可能无法让求职者从求职大军中脱颖而出，这就需要求职者掌握更多的求职巧技能，为自己添砖加瓦，赢得 HR 的青睐。

1. 让自己与众不同

案例 2–14

四年的准备

罗德公共关系顾问有限公司是世界上最大的独立公关公司之一，高三尚未毕业的孙华在一次偶然的机会下接触到了罗德公共关系顾问有限公司，被其深深吸引，暗自下定决心大学毕业后要到该公司应聘 PR（公关）一职。

半年后，孙华顺利通过高考考上了中国传媒大学，并选择了公共关系学这一专业。在父母的帮助下，孙华对自己大学四年的生活有了一个详细、完整的规划，围绕着一个具体的目标——罗德公关的 PR 岗位。在这四年里，孙华顺利通过了该专业的所有课程，并选读了一个双学位——媒体创意，毕业时同时拿到了两个学位。同时，他积极参加了两个社团，多次参与策划活动，并于每年暑假到国内一些公关公司积累实习经验（他也申请过罗德公关的实习生，但未被看中）。专业课程的学习还远远不足以支撑起这个岗位的需求，因此，他又翻阅了大量有关的书籍，并发表过三篇相关文章。期间，他也一直关注着罗德公关的动态，对该岗位的信息了如指掌。

四年之后，孙华精心制作了一份简历，在发给罗德公关的邮件中，他上传了两个附件，一份自荐信，一份是他发表过的作品。自荐信中描述了他为了争取到这个岗位所做的四年准备。当罗德公关的 HR 经理看到这封自荐信时立刻将他的材料发给了 PR 部门，PR 经理看完后，给孙华打了一通电话，让他明天就可以直接来上班。

（资料来源：笔者依据相关资料整理）

案例中的主人公对于职业生涯的规划和对目标的执著追求是值得大家共同学习的，但我们更应该学习的是他博得 HR 赏识的巧技能。通过简历展示自身的特色，再通过求职信阐述自己所做的准备，投其所好，既表达了自己强烈的意向和高度重视，也展现出了自己的专业能力。最后通过自己的研究成果和相关作品加以证明，进一步增强了说服力，俘获了 HR 的心。

HR 往往喜欢有能力而又“特别”的求职者，“特别”之处在于求职者能够用与众不同的方式展示自身的特色，吸引了 HR 的眼球又能说明自己能够胜任工作。“特别”的方式有很多种，但并不是另类，应该基于有真才实学的基础上。

案例 2-15

姜太公钓鱼——最有创意的面试

姜子牙大半生穷困潦倒，80 多岁时老婆又和他离了婚。得知文王姬昌正在广揽人才的消息后，他离开商朝，不辞劳苦来到周的领地渭水之滨，主动向应试方靠拢。到渭水后，先是在提高自己的知名度上下了工夫，把“渭水河边有个钓鱼的穷老头能断人生死”宣传得家喻户晓。之后又玩起了行为艺术用直钩钓鱼，上面不挂鱼饵，且离水面三尺高。这种奇特的钓鱼方法，终于惊动了姬昌。在先后派出士兵和官员邀请被拒后，姬昌这才意识到，这个钓者必是位满腹韬略、高瞻远瞩的高人。于是吃了三天素，然后带着厚礼，兴师动众地亲自前去诚心聘请，并当即委以重任。让面试本末倒置，玩转用人单位，姜子牙当属第一人。

（资料来源：笔者依据相关资料整理）

“姜太公钓鱼”可谓古代面试最经典、最有创意的一个例子，虽然这个方法于当今社会不太实用，但可贵的是古人的智慧对于现代求职者的启发。突破自己的固有思维，适当的创意能让自己的特色更加引人注意。

2. 抓住面试机会

HR 通过初步考察后，对求职者的各项条件较为满意，会进一步通过电话了解求职者的个人情况或者直接通知面试。眼看马上就要赢得面试机会了，可不能在这关键时刻功亏一篑。面试从求职者接到 HR 电话的那一刻就已经开始了，自己是否已经做好了完全的准备？

巧技能 2

电话约面中的小技巧

叮铃铃，叮铃铃……电话铃声响起，电话那头传来期待已久的声音：“请问是 ××× 吗？这里是 ×××× 公司，我们收到了你投递的简历……”千盼万盼总算等来了回复，但别让喜悦冲昏了头脑，考验还没结束，机会还未到手，要注意以下几个小技巧。

1. 听清对方的信息

请确认听清了对方的信息，特别是对方用人单位和岗位的名字。许多求职者选择海投，可能连自己投递了哪些单位都记不得，如若听错，则会造成不可挽回的局面。

2. 确保自己进入状态

打来的电话不一定就是直接通知自己去面试，大多需要通过电话沟通进一步了解求职者的信息，确认符合要求才会安排面试。所以，请确保这时候的自己能够迅速进入接受“面试”的状态。如果自己还没准备好，可以告诉对方自己现在暂时不方便接听，麻烦对方10分钟之后再打过来或者自己打过去。当然，你的态度要诚恳一点。利用这10分钟时间，确定自己的投递信息，调整自己的状态，最好能准备笔纸和自己的简历，并梳理一下几个常见问题的答案。

3. 让对方感觉舒服

无论自己的职位有多高，请用“谦卑”的心态对待这次沟通，即使对方只是一个初出茅庐的HR经理，甚至只是一个实习生，但这次沟通的结果可能直接影响到自己的命运。能让对方留下深刻印象的品格有很多种，犀利、直爽、温和……在这之中，“谦卑”的品格总是能让对方感觉到舒服，自己赢得机会的可能性也就大大增加了。

4. 准备好电话约面中常见问题的答案

短短几分钟的通话，HR 不会向求职者问太多太专业的问题，对方想考察和了解的信息主要有四个方面：求职态度，硬性条件，工作匹配度，期待与现实。针对这四个方面，HR 经常会问以下几个问题。(1)为什么想换工作？之前了解我们公司吗？为什么选择我们公司？(2)学历、技能、婚育……(3)之前做什么工作？介绍一下工作内容？业绩情况如何？之前接触过 ×× 吗？对 ×× 的掌握程度如何？(4)现在的薪酬水平如何？期待的薪酬？看重薪酬还是晋升？地址距离能接受吗？

当求职者听到这些问题时，即使简历上已经写过了，也要有理有据地耐心回答，别让即将到手的机会不翼而飞！

5. 确认相关信息

详细询问对方面试时间、地点（便捷的交通方式）、联系人、联系电话、所需材料等相关要求。

6. 感谢对方

通话结束前一定要礼貌感谢对方给予的面试机会，既显示自己职业修养，又给对方留下好印象。

机会无处不在，关键在于求职者是否能够做一个“有心人”。在自我成长的过程中要不断为自己积累“证据”，懂得总结和提炼自身特色，架起沟通的桥梁，并巧妙地将自身特色展示出来，最终才能为自己赢得成功的机会！

第四节　充 分 准 备

台上一分钟，台下十年功。如果你想在面试中拿到十分的成绩，就要在面试前付出九十分的努力。面试前的准备是面试是否能够成功的一个基本条件，也是求职者应该掌握的一项巧技能。

案例 2-16

失败六次的求职大学生

在一次大学生求职论坛上，张强分享了自己求职失败的经历：一个重点大学毕业生，形象气质良好，工作经验丰富，却接连失败了六次。

通过一张优秀的简历，张强接到了 6 个面试的通知。仿佛是被喜悦冲昏了头脑，接到电话约面试的他，非常爽快地接受了对方安排的面试时间，就这样，他在四天内参加了六场面试。

要准备六场面试需要花费大量的时间，但是张强坚信自己具备较强的能力，即使是临阵磨枪也能顺利通过。紧接着，他为这份自信付出了惨痛的代价。六场面试下来，状况不断。先是面试迟到，接着又记混了对方公司的名字和自己投递的岗位，自我介绍也忘词，回答问题总是答非所问。面试的时间一次比一次短，最后一次面试甚至不到 3 分钟。

四天下来，张强参加了六场面试，自以为感觉良好，焦急地等待对方的回信。两个星期过去了，张强一个回信也没有收到，这才意识到自己六场面试全都失败了。垂头丧气的他开始埋怨 HR 的刁难，甚至感叹道：大学生求职真艰难！

（资料来源：笔者依据相关资料整理）

上述案例重现了多少个求职者的真实经历！案例中的主人公屡次失败，可叹的不是他错过了宝贵的机会，而是把失败的原因归结于 HR 身上，没有真正意识到自身的原因。可想而知，他距离成功还很遥远。面试是一个沟通的过程，也是一场求职者与 HR“博弈”的过程，棋差一着，满盘皆输。一个动作、一句话、一个词，都有可能让你葬送了来之不易的机会。只有面试前做好充分的准备，你才能自信、从容地走进面试现场。

一、知己知彼，百战不殆

（一）了解沟通对象

要确保高质量的沟通，前提是明确自己的沟通对象，这是沟通过程的出发点和落脚点。信息发布者往往没有养成在沟通前了解信息接收者的习惯，从而在沟通中不自觉地忽略了差异性的存在，导致沟通过程中障碍重重。

案例 2-17

自负的后果

招聘单位打电话通知我去面试的时候，我正和好朋友在逛街。在许多的招聘会上，“多投简历”战术让我早就回忆不起来什么时候投了这个简历。

回到学校，我向一个宁波本地的同学打听了一下。原来，这是一个私人的英语培训学校。当时，我很“自负”地想，就凭我多次到大公司面试的经历和扎实的基本功，这种小场面应该不在话下。

我如约来到招聘单位，和人力资源部主任聊了一会才知道这是一份初中英语教员的职位。主任简单地问了我一些英语方面的问题，我自信地对答如流。心里暗想，这么简单的东西还来考我，想想我六级的英语水平教高中生都不在话下。看起来主任对我还是比较满意，他把我带到一个坐满了学生的教室，让我围绕“春天”给同学们上一堂课。接过粉笔，我有模有样地上起课来。当我正自我陶醉在“传道授业解惑”的满足感中时，主任示意我可以结束讲课了。

回到刚才那个办公室，他和我闲聊了起来。他问：“你对我们学校了解吗？”“知道一点，你们是私人的外语培训学校”，我回答。他又问：“你知道来我们这里培训的都是什么人吗？我们学校的特色和授课风格你了解吗？”我无语。他说：“你恐怕对我们不大了解，从刚才的谈话中我感觉你对英语教员这个职位好像也没做好准备。”我心里一惊，刚刚还以为瞒天过海之术施展得很好，原来早就被明眼人识破。

他接着说：“我们的学生英语水平很多都是需要加强的，而他们本身对英语又没什么兴趣。刚才听了你的讲课，你的专业水平可能达到了我们的要求，但在教学上，你根本没有与学生互动，不能吸引他们学英语。恐怕你不大适应……”我听出了他话中的意思，起身告辞了。

（资料来源：千叶帆文摘）

知己却不知彼是许多求职者的通病。求职者总是会用大量的时间来总结提炼自身特色，却忽略了对沟通对象的了解和认识。纵使你有万般能耐，首先也得符合对方的要求，别让自负害了自己。对于一个求职者来说，整个面试环节的沟通对象应该包括三个方面：用人单位、用人部门和招聘部门。

1. 用人单位

当你正准备施展浑身解数的时候，也许一个问题就能决定你的去留：“你对我们公司了解多少？”这是一个让许多求职者头疼的问题，大家普遍的回答都如出一辙，比如公司地位、规模、经营业务等。事实上，这个问题的背后还有另外一层含义——你为什么想来我们公司？除了考察你对公司的了解程度，更重要的是想考察你是否会对本公司忠诚。

巧技能 3

巧妙回答对用人单位的了解

“你对我们公司了解多少？”，面对这个问题，我们总结出了一条比较完整的回答思路：概况—印象—感情。

概况即公司的整体状况，包括公司地位、规模、经营业务、业绩、地址、文化、价值观、发展前景等。如果你对该公司确实了解得不多，就往大环境去靠，阐述你对公司所属行业的了解和看法。回答点到为止即可，不需要高谈阔论，更不允许对公司品头论足。

印象即公司给你留下的印象，适当的夸奖能为自己加分，过度吹捧反而显得不真诚。比较合适的做法是通过描述一个细节、一个场景、一个情节来说明你与该公司的千丝万缕，类似于这样的开头：“我印象最深刻的一次是……”这个细节描述可以来自于你日常生活中与该公司的真实接触，也可以来自对公司宣传片的感触等。

感情即你对公司的情感承诺，如果你能紧接着上面所描述的细节，进一步表达你对公司的向往和认可，甚至是忠诚，把自己的情绪表达出来，甚至是传染给 HR，相信 HR 也会被你打动。

2. 用人部门

对用人部门的了解也需要每一位求职者做好功课，特别是进入第二轮面试的求职者。一方面，要对用人部门的整体情况、运作流程、部门结构、职能分工有一个较为清晰的认识；另一方面，要了解用人部门对人才的需要，岗位的职能职责和任职要求，以及相关专业知识。

3. 招聘部门

一般情况下，第一轮面试都是由招聘部门的员工来负责，为了让自己能有更加平稳的表现，也需要对招聘部门有一定的了解。了解的内容主要是面试的形式、面试的流程、常见的问题、面试官的风格等，避免陷入陷阱或误区。

了解沟通对象的渠道有很多，如网上查询、请教公司内部员工、请教面试过的前辈等。做的功课越扎实，被录用的概率就越大。

（二）准备自我介绍

在人际交往过程中最初形成的印象起着重要的影响作用，即“先入为主”带来的效果。虽然这些第一印象并非总是正确的，但却是最鲜明、最牢固的，并决定着以后双方交往的进程。这便是著名的“首因效应”。一般情况下，面试的第一个环节就是让你做一个简短的自我介绍，其效果影响着整个面试的结果。

案例 2-18

汉朝东方朔

汉武帝即位初年，征召天下贤良，各地士人、儒生纷纷上书应聘。东方朔也给汉武帝上书，原文如下。

臣朔少失父母，长养兄嫂。年十三学书，三冬文史足用。十五学击剑。十六学《诗》《书》，诵二十二万言。十九学孙吴兵法，战阵之具，钲鼓之教，亦诵二十二万言。凡臣朔固已诵四十四万言。又常服子路之言。臣朔年二十二，长九尺三寸，目若悬珠，齿若编贝，勇若孟贲，捷若庆忌，廉若鲍叔，信若尾生。若此，可以为天子大臣矣。臣朔昧死再拜以闻。

译文：

臣东方朔从小就没有了父母，是兄嫂将我养成人，十二岁开始学习，三年时间文史都可以运用自如了。十五岁时开始学习剑法。十六岁时开始学习《诗》《书》，熟读了二十二万名句，十九岁时开始学习孙吴兵法，里面的用兵之法，也熟读了二十二万名句，总共臣共熟读四十四万句。又时常佩服子路说的道理，臣今年二十二岁，身高九尺三寸，我的眼睛像珍珠一样明亮，牙齿像编贝一样整齐洁白，勇敢像不避狼虎的孟贲，奔跑的速度像骑马也追不上的庆忌，廉洁像古代非妻所织衣服不穿的廉士鲍叔，诚信像与女子约会而河水上涨女子未来也仍不离去的尾生。正因为这样，才可以成为天子的大臣。冒着说不尽的或许被处死的危险，再次跪拜恳请向您询问给我的说法。

短短一百多字的求职书里，东方朔介绍了自己的身世、年龄、形貌、学识能力和求职目标，用数字来具体体现，而又言简意赅，最终打动了天子。

（资料来源：笔者依据相关资料整理）

东方朔靠着这简短的自我介绍，成为了唯一的幸运儿，开始了名留青史的生涯。自我介绍的重要性不言而喻，说得好便是艺术，说得不好便是败笔。在准备自我介绍之前，需要对这项工作有一个深入的了解。

1. 自我介绍的意义

从 HR 的角度来看，让求职者做自我介绍的目的主要有两个：一是让 HR 有一定的时间再次扫描求职者的简历，并做好标注；二是考察求职者的基本能力，比如普通话、表达能力、逻辑能力等。

从求职者的角度来看，做自我介绍的目的也有两个：一是缓解自己的紧张情绪，因为自我介绍是提前做好准备的；二是推销自己，用简短的时间给面试官留下深刻的印象。

2. 自我介绍的内容

比较全面的自我介绍应该包括以下五个方面。

（1）基本信息

在简短的开场白之后，首先应该让对方记住自己的名字，可以采用一些巧妙的说法来比喻或解释自己的名字，给面试官留下深刻的印象。再是自己的籍贯和家乡，如果面试官是同乡，能为彼此拉近一些距离。接着就是介绍自己的学校、专业、学历等信息，以及自己的求职意向。这部分内容不必大做文章，简要介绍就行。

（2）相关实践经历

这是自我介绍的重点部分。HR 更倾向于找拥有相关经验的求职者，既可以迅速融入岗位，又能省去公司培训的成本。所以这部分内容一定要重点突出自己与意向职位相关的工作经验或实践经历。

（3）性格特点 / 知识技能

说明自己的性格特点，要尽量贴近岗位要求，也可以列举相关的兴趣爱好。如果时间允许，可以简短举个例子补充说明，或者抛砖引玉，留下悬念。一般情况，每个岗位都会要求一定的知识技能，求职者需要在自我介绍时突出自己这方面的优势，告诉对方自己符合基本要求。

（4）胜任力

面试的主要目的就是考核求职者是否能够胜任这个职位。针对这一点，求职者应该先入为主，告诉面试官自己为了应聘这个职位做了哪些工作，积累了哪些经验，将会如何开展工作，证明自己能够胜任这个职位。

（5）结束语

最后，用一句话结束自我介绍，再次强调自己对这个职位的渴望及自信，并感谢对方给予这次面试机会。

3. 自我介绍的准备工作

聪明人不打无准备的仗，无论你多么自信、阅历多么丰富，都不能忽视自我介绍的准备工作。在起草自我介绍的过程中，需要注意以下两点：一是对整个篇幅的把握，自我介绍的时间一般是 1 至 3 分钟，在简短的时间内无法面面俱到，要尽量突出重点，其他基本信息点到为止。二是结合简历，注意两者信息的一致性，避免冲突。写完之后应该反复校对，检查语句是否通顺，表达是否妥当，是否尽善尽美。

二、求职模拟，熟能生巧

凡事预则立，不预则废。古往今来，多少历史名人十年磨一剑，才换得最终的成功。求职面试也是如此，凭借临场发挥取得成功的例子寥寥无几，做好周全的准备必不可少。面试之前应当反复模拟，做到熟能生巧，才能十拿九稳。

（一）模拟沟通环节

相比才华横溢的佼佼者，熟能生巧的“卖油翁”也许更能打动HR。一次完美的“演出”，需要表演者事先演练上百次。

案例 2-19

凌晨四点的洛杉矶

科比·布莱恩特，NBA 第一个高中生后卫，帮助洛杉矶湖人队拿下 5 次 NBA 总冠军，是 NBA 史上最年轻的 30000 分先生。2 次成为 NBA 得分王，2 次 NBA 总决赛 MVP，1 次 NBA 年度 MVP，连续 15 次入选 NBA 全明星赛，2 枚奥运会金牌，历史第一“打铁王”。

有人说科比·布莱恩特是一个篮球天才，科比却以“洛杉矶早晨 4 点”自称。他的意思是他的成功完全出于勤奋。也不由得你不相信，有人在 2013 年 4 月出版了一本叫做《我和科比的训练故事》的书，为我们讲述了科比的训练故事。

这本书的作者罗伯特·阿勒特，是美国一位知名的体能训练师。书中有这样一个故事：在备战2012年伦敦奥运会期间，罗伯特和美国男子篮球队一同来到拉斯维加斯集训。

那是队员们开始合练的前一个晚上，忙了一天的罗伯特正准备上床休息。就在这时，罗伯特的手机响了起来。他想，这时会是谁打来电话呢？因为时间已是凌晨3点30分。

不会发生什么意外吧！罗伯特有些紧张地接听电话。是科比。“罗伯特先生，希望没打扰你。”科比说。如此有礼貌，没有一点大牌球星的架子，尽管罗伯特困得快要支持不住了，但他仍然很客气地说：“怎么会打扰呢？科比，有什么事吗？”电话那头说：“我想知道，你是否能帮我做点体能训练？”“当然，一会儿在训练馆里见！”罗伯特挂了电话，便匆匆往训练馆赶，他想，不能让科比在那儿等着。

到了训练馆，罗伯特吃了一惊，科比早已到达训练馆，而且他已经练得浑身是汗，像刚从水中爬出来的一样。

见罗伯特一副很有精神的样子，科比说：“要辛苦你了，我们开始吧。”在罗伯特的指导下，科比用了1小时15分钟进行体能训练，然后是45分钟的力量训练。时间已快到早晨6点，罗伯特实在有些坚持不住了，说：“对不起，我要回酒店休息了。”科比说：“辛苦你了，谢谢你！也好，我去练投篮。”

按照安排，上午11点，只休息了4个多小时的罗伯特得去训练馆指导全队合练。当他到达训练馆时，已到齐了的队员们有的在聊天，有的在和教练讨论着什么，可科比仍然满头大汗在练习投篮。

“你啥时候结束？”罗伯特特别感动。科比反问道：“结束什么？”罗伯特说：“投篮训练。”看着手中投出的篮球划出一道弧线，稳稳落入篮圈内，科比说：“这不就结束了。”原来，那一个球是他那天投中的第800个球。

（资料来源：笔者依据相关资料整理）

一代传奇巨星——科比，用他的运动生涯向我们证明了一句话“成功绝非偶然”。面试也是同样的道理，同样一句话、一个动作、一个表情，只有反复练习多次，才有可能尽善尽美。如果在面试沟通中，求职者能够展现出最完美的自己，对于面试官的提问能够对答如流，相信这场沟通的效果会使双方都感到满意。换言之，在正式沟通之前，我们也需要模拟沟通环节，力争取得最佳的沟通效果。

1. 搜集证据

不少人认为面试其实就是在讲故事，谁讲得好谁就胜出。讲好一个故事的前提是有故事可讲。面试官经常会让求职者“举个例子说明”，如果求职者事先没有准备，临时回忆不仅浪费时间而且在语言表达上也会出现瑕疵。所以，面试之前一定要学会搜集证据，将自己的工作和生活经历分类梳理，什么故事可以用来证明什么，一定要提前准备好。此外，对于自己搜集好的证据也要仔细雕琢，有证据是一回事，如何把故事讲好、讲妙，引起面试官共鸣则又是另外一回事。

2. 头脑风暴

考试抽到原题的感觉相信大家都懂，面试也是一样。如果面试官提问的问题恰好是你提前准备好答案的问题，你就已经掌握了这场面试沟通的主动权了。解放自己的思想，来一场头脑风暴，尽可能多地罗列出面试官可能会提问的问题，再提前把答案写下来，反复练习。当然，你也可以求助朋友或者网络，摸清面试官的提问思路。

3. 照镜子

面试不仅仅是在考察求职者的语言表达，还包括神态、精神面貌、行为举止等方面。通过一面镜子，你就可以轻松了解到自己呈现给别人的形象。坐在镜子前，当做一次正式的面试，矫正自己的不雅动作，用神态、动作配合语言来表达，让自己感觉到舒服，也是让面试官感觉满意。

4. 模拟面试

一切准备就绪之后，可以邀请一位或几位朋友扮演面试官，按照面试流程完整模拟面试情景。通过面试的模拟，一是找到最自信的自己，二是提前预防面试可能出现的意料之外的情况，三是可以对回答方式和时间进行把控。一次模拟是不够的，需要反复练习多次，结合朋友的建议不断改善沟通质量。

巧技能 4 面试官经常提到的问题

1. 请你介绍一下自己。

2. 你觉得你最大的优点 / 缺点是什么？

3. 你的同学 / 同事 / 朋友怎么评价你？

4. 说说你的家庭 / 学校。

5. 你通常如何处理别人的批评？

6. 你和别人发生过争执吗？你是怎么解决的？

7. 你印象中最成功 / 失败的一件事是什么？

8. 你的业余爱好是什么？

9. 你怎么看待另外几位候选人的表现？

10. 你如何平衡家庭与工作的关系？

11. 你的家人也定居在附近吗？

12. 请用三个词 / 一句话概括你自己。

13. 如何与不喜欢的人相处？

14. 你参加过公益活动吗？

15. 你英语水平怎么样？

16. 你了解 / 擅长某某软件吗？

17. 你之前的公司 / 领导怎么样？

18. 对我们公司了解多少？

19. 为什么会选择我们公司？为什么会想来我们这种小公司？

20. 为什么要离开原来的单位？

21. 谈谈你对跳槽的看法。

22. 说说你的职业生涯规划。

23. 对于一份新工作，你比较看重的是什么？

24. 你能为我们公司带来什么？

25. 为什么我们要在众多候选人中选择你？

26. 谈谈如何适应新工作、新环境。

27. 除了本公司外，还应聘了哪些公司？

28. 之前主要是做什么工作的？取得了什么成果？

29. 针对你简历中提到 ××× 可以详细说说吗？

30. 为什么想换一个岗位？

31. 说说你对这份工作的理解。

32. 你对这个行业了解多少？

33. 对于这项工作，你有哪些可以预见的困难？

34. 你工作经验欠缺，如何能胜任这项工作？

35. 请你尝试当场把这个东西推销给我。

36. 你为什么会喜欢这份工作？

37. 你比较擅长专注做一件事还是同时做很多事？

38. 你比较喜欢独立思考还是团队合作？

39. 你喜欢与什么样的领导 / 同事相处？

40. 你比较擅长向上管理还是向下管理？

41. 与上级意见不一致时，你将怎么办？

42. 你的直接领导与更大一级的领导同时有不同的指令时，你将怎么办？

43. 如果你工作一段时间后发现自己不适合这份工作，你会怎么办？

44. 工作中难以和上级、同事相处怎么办？

45. 如果我们录用了你，你打算如何开展工作？

46. 如果我们没有录用你，你打算怎么办？

47. 你希望一年后自己在公司是什么样的？

48. 你对加班怎么看？

49. 你对薪资怎么看？

50. 你还有什么问题想问吗？

（二）做好万全准备

如果事先缺乏周密的准备，机遇也会毫无用处。机遇总是偏爱有准备的人，在奔赴战场之前，要时刻提醒自己是否已经做好了万全的准备。

案例 2-20

李嘉诚经典语录

我凡事必有充分的准备然后才去做。一向以来，做生意处理事情都是如此。例如天文台说天气很好，但我常常问我自己，如5分钟后宣布有台风，我会怎样，在香港做生意，亦要保持这种心理准备。

——李嘉诚

（资料来源：笔者依据相关资料整理）

成功没有必然方程式，凡事要有充分的准备才去做。在做好万全准备之前，不要把面试想得太简单。除了模拟沟通环节之外，在正式面试之前，还有许多准备工作要完成。

1. 烂熟于心

面试中要让提前准备好的内容派上用场，就必须做到烂熟于心。面试之前要把自己的简历、自我介绍、相关问题的答案等信息反复熟读，做到倒背如流才能成竹于胸。当然，所谓的熟悉并不只是熟读文字，而是要由内到外地全面了解。尤其是简历中的工作经历，这是面试官提的最多的问题。

2. 备齐材料

根据用人单位的要求，把面试中需要用到的材料提前准备好。特别是自己的简历，如果用人单位没有明确要求，最好提前多打印几份，以便应对不时之需。此外，还可以备上自己的文章、书籍等相关作品，为自己加分。此外，一个有形的公文包或文件夹也是有必要的。

3. 确认信息

再次确认用人单位的名称、联系人、地址、应聘岗位等信息，特别是时间和行车路线，提前确定交通方式。对于应聘岗位的信息，不是简单地确认名字，而是要全面了解，特别是注重细节之处。

4. 提前到场

面试千万不能迟到，否则将会前功尽弃，当然，也不能到得太早，避免给对方造成困扰。最佳的到场时间是面试前 10 ～ 20 分钟，为了确保自己能够在预定的时间到达指定地点，建议提前一两天先去踩点，熟悉整个路线。到达指定地点后，按照通知要求做好登记，或者及时联系对方。如果面试人数较多，请耐心等待，切忌急躁紧张。

5. 心理准备

如果做好心理准备，一切准备就都已经完成。在做好万全准备之前，不能把面试想得太简单；但是当你把该做的事情都已经做完之后，这时你就可以告诉自己“其实面试没那么困难”！一是要保持自信，尽管自己不一定是最优秀的，但只要把最好的自己呈现出来就行；二是要克服紧张心理，即使身经百战的人也会紧张，但不能过度紧张，重要的是如何克服自己的紧张心理；三是保持平常心，做最充分的准备，做最坏的打算，即使面试失利，也并不代表你永远被淘汰，这只是你众多选择中的一次机会，做到无愧于心就行。

巧技能 5

如何克服面试紧张心理

1. 放松身心

面试前一天可以适当运动，听听歌，发泄紧张的情绪，松弛紧张状态。面试开始前，可以做个伸展动作，深呼吸，让身心放松。

2. 转移注意力

如果面试需要排队等候，这个“漫长的”时间里需要做点事情来转移注意力，否则心理压力会越来越大。公司接待室一般会有杂志、报刊，可以借阅查看，转移自己的注意力。

3. 心理暗示

心理暗示对于调节自己的情绪有很大的作用，但如果一味暗示自己“不能紧张”，反而会加剧自己的紧张情绪。正确的心理暗示应该是“我可以的！要对自己有信心！我已经做好了充分的准备！”

4. 情绪升华

首先我们要坦诚面对和接受自己的紧张情绪，认识到每个人都会紧张，把它当做一种正常心理。用平常心去看待，并进一步升华自己的紧张情绪，把紧张情绪化成动力，精神更加集中地去面对这场面试。

5. 身经百战

最实用的方法莫过于身经百战，一方面是指丰富的面试经验，另一方面是指面试之前的反复练习。

面试不是儿戏，不能存在侥幸心理，既要了解沟通对象，也要准备自我介绍，只有知己知彼才能百战不殆；面试不是简单的对话，临阵磨枪只会纰漏百出，提前模拟沟通环节，做好万全准备，求职之路才能披荆斩棘；面试也不是什么生死大事，只要你做好了万全的准备，就可以放手一搏，全力以赴，勇敢奔向战场！

3

chapter

第三章

面试中：沟通巧技能

第一节　形 象 展 示

形象展示是沟通的第一步。爱美之心，人皆有之，人们总是会把美好的品质与美好的形象联系在一起。美好的形象能在一定程度上带给对方一种舒服、愉悦的感觉，直接影响沟通的效果。所以，掌握面试中沟通巧技能的第一个关键步骤就是——展示自己的美好形象。

一、仪容仪表

对于陌生人，沟通的第一要素就是仪容仪表，即外貌、发型、体态和着装。如果面试官对求职者最初的印象是消极的印象，那么求职者想改变这种印象是很困难的，即使求职者的能力优秀，也极有可能被掩盖。相反，如果求职者一开始就给面试官留下积极的印象，就将有利于促进双方的沟通和互动。

案例 3-1

庞统两次失败的面试

庞统是三国时期极具才华的顶级谋士之一，人称“凤雏”，与“卧龙”诸葛亮齐名，有“凤雏与卧龙，二者得一而可安天下”之说。

名扬天下的庞统按道理说应该得到重视，平步青云才是，但是两次面试均以失败告终。

第一次面试是在东吴，由鲁肃推荐，孙权亲自面试。孙权一看庞统“浓眉掀鼻，黑面短髯，形容古怪”，便心生嫌弃之意。接下来的沟通中，庞统又猖狂不羁、恃才傲物，于是孙权便没有任用他。

第二次面试是在荆州，由诸葛亮推荐，刘备亲自面试。庞统去见刘备时，衣着邋遢，刘备见庞统样貌丑陋而且不修边幅，心中便有点不悦。而庞统参见刘备时长揖不拜，刘备心中更是不愉快了，不仅形象消极还桀骜不驯，于是刘备随便给他安排了一个县令的官职。

相比之下，诸葛亮初次登场的描述：身长八尺，面如冠玉，头戴纶巾，身披鹤氅，飘飘然有神仙之概。两种不同的形象，隐约之中揭示了两人不同的命运。

（资料来源：笔者依据相关资料整理）

同样是才华横溢的两人，却因仪容仪表的不同，面临两种截然不同的待遇。适宜的仪容仪表不仅给人一种美感，也会给面试官留下深刻的印象和初步的判断，之后的面试沟通更像是面试官在验证他的判断。为了能给面试官呈现一个积极美好的形象，求职者应该注意以下四个方面。

（一）外貌

脸上的皮肤尽自己最大的努力保持最好，气色一定要好，不要一脸枯槁，死气沉沉，影响面试官的心情。女生避免浓妆艳抹，男生切忌不修边幅。在外貌上一定要给面试官传递一种积极向上、阳光开朗的态度。

（二）发型

设计一个适合自己的发型，头发一定要干净整洁，不要头屑丛生还泛油光，甚至有异味。女性发型不宜过于时尚，若是长发尽量束好避免披头散发；男性还应注意修整胡须鼻毛，切忌非主流发型。

（三）体态

体态过胖或过瘦都会给自己带来不必要的困扰，甚至影响健康。平时应积极锻炼身体，塑造一个匀称的体态和健康的体魄。

（四）着装

佛靠金装，人靠衣装。在着装上不花点心思的话，有可能会让面试官产生“这个人不重视我们或者不重视这个机会”的想法。着装打扮上应注意四个原则。（1）合适得体，每个人的身材、肤色都不一样，一味模仿别人，不仅自己穿得不舒服，给别人的印象也不好。（2）搭配合理，衣服类型、颜色的搭配也是有讲究的，避免成为人家的笑话。（3）正式，面试尽量穿着正装，体现自己的重视。当然，正装不是只有黑西装配白衬衫，在颜色、样式上可以适当调整。如果不想穿着正装，也不能过于随意，切忌破洞牛仔裤、拖鞋等。（4）一致性，面试之前最好先打听了解用人单位的文化和穿着风格，尽量穿着一致，切忌穿着用人单位竞争对手的服装。

当然，一个人的形象很难通过外在打扮彻底改变，需要求职者注重平时的修养。最好的方法莫过于读书，读书有助于开阔视野、增长见识，让自己变得更加有内涵。当一个人的肚子里装满了墨水的时候，他的形象自然就会显得与众不同。

二、神态气质

仪容仪表是对外在的包装，而影响个人形象更重要的因素是由内而外的神态气质。怡然自得的神态，加上自信从容的气质，就已经给面试官留下区别于他人的印象，让自己赢在了起跑线。

案例 3-2

被面试官看在眼里的小动作

都说现在工作难找，招聘信息铺天盖地，好岗位却是大海捞针，所以小李一开始就把目标定得很低，没想到这也会失败。大学读的是法律，又有两年医药工作的经验，自认为资本还是有一点的，去应聘一个文秘的岗位，总觉得是十拿九稳的事情，也就没把别的竞争者放在心上。

面试当天小李把自己的简历熟悉了一遍，也没怎么准备就去了。到了现场一看，已经有几个应聘者在了，看样子都经过一番细心打扮，一个个嘴里念念有词，显然是在温习。看他们那个认真劲儿，小李有了竞争的真实感。面试官有两位，看上去都非常严肃，被他们眼睛一盯，小李就慌了神，头不由自主地低了下去，事先准备的说辞全忘了，脑子里一片空白。这时候比较年长的面试官让小李做自我介绍，小李几乎把自己的简历内容都背了一遍，语调就像一根直线，声音也发虚，手又习惯性地去摸头发。

另一个面试官问小李应聘这个岗位的优势在哪里。这本来是个好机会，只要小李把自己的特长、经验说清楚，胜出的概率还是很大的。可偏偏一紧张，平时的那些小动作全出来了，一会儿摸摸头发、一会儿摸摸耳朵，擦鼻子……都不知道手该往哪儿摆，两位面试官看着小李直皱眉头，问了两个问题就叫他出去了。

事后，面试官反馈："所有候选人的简历中，我们最满意的是小李的简历。但是小李的现场表现实在太让我们失望了。整场面试下来，我们都能感觉到他的紧张情绪。不仅如此，小动作太多，我们都看在眼里。即使他再优秀，我们也不放心录用他。"

（资料来源：笔者依据相关资料整理）

紧张的情绪、无心的小动作都可能导致面试的失败。试想，一个说话哆哆嗦嗦、小动作不断的人如何能清楚表达自己想说的内容？沟通的彼方又能接收多少？一个人的神态气质在很大程度上取决于他的心态，而又通过他的言行举止表现出来。

（一）心态

正如第二章中所提及的心理准备，求职者要保持良好的心态，应该做到以下三点。

自信。“我们对自己抱有的信心，将使别人对我们萌生信心的绿芽”。保持自信，是促进面试沟通顺利进行的最佳催化剂。当你拥有充分的自信时，就能将面试前的准备巧妙地展示出来，甚至是超常发挥。当然，自信来源于实力，除了平时的积累，也需要面试前的精心准备。

镇静。“要是你一直把弓弦绷得太紧，你的弓很快就会断裂”。紧张是面试最大的禁忌，也是无数面试失败最大的原因。我们要承认、正视甚至允许紧张的存在，重要的是如何利用紧张带来的积极效果，克服紧张带来的消极影响。只有保持镇静，面试才能按照你的节奏来进行。

平常。“走自己的路，平常心做好自己。坦然接受一切事物。你无法满足所有人。”对于一场面试，如果你抱着“不成功便成仁”的心态，那么很遗憾，你很有可能已经把自己给淘汰了。做最努力的准备，做最坏的打算，拥有一颗平常心，全力以赴做好自己就行。

（二）言行举止

用人之道：重德、唯贤、善任。其中，德是首要因素。简短的面试可能无法全面考察求职者的品德，但通过求职者的言行举止来判断他的素质修养却不是什么难事。举止从容、神态自若的求职者，往往是面试官的首选。但若非平时一贯如此作风，想要在面试中做到这一点确实很难，需要求职者在面试前反复练习。

1. 微笑

微笑是最美好的语言。贯穿整个面试过程，微笑发挥着巨大的作用。微笑不仅可以掩饰甚至缓解自己的紧张情绪，还可以给陌生人一种亲切感，能够拉近你和面试官的距离，有利于沟通的进行。从进入公司开始，就应该保持微笑，直至离开公司。当然，微笑也应注意轻松自然，避免表情过于僵硬。

2. 言语

标准的普通话可能为面试加分。吐字要清晰，语速要适中，如果普通话不是非常标准，尽量放慢语速，把话说清楚，切忌用方言。尽量用嗓子声带的低音说话，保持说话的通透度，最好是用胸腔里的气来催动发音，这样说出来的话语有磁性，铿锵有力。

3. 姿态

进入房间前应先轻轻敲门，得到对方允许后再进入。进入房间后轻轻关上门，主动与面试官打招呼，稳步走到指定位置，注意昂首挺胸，双手自然下垂，待面试官指示你坐下时，说声“谢谢”后再坐下。正确的坐姿是坐在椅子的三分之二处，抬头挺胸，上半身挺直，双手置于膝上，眼睛直视前方，注意与面试官的眼神交流，切忌背靠椅子或者把手放在桌面上。女生如果是穿着裙子，入座时应该立即两腿并拢，可以垂直摆放，也可以倾斜摆放。沟通过程中，可以按照事先演练的方法，配合一些肢体语言，清楚表达自己的意思。

巧技能 6

别让这些小动作葬送了面试机会

一个人的态度、品质、修养等方面虽然是无形的东西，但却可以通过言行举止表达出来。前人用他们的经验教训总结出了以下六个“面试中不能出现的小动作”，一旦出现，面试很可能会以失败告终。

1. 跷二郎腿

面试中一定不能跷二郎腿，否则会让面试官感觉你对这份工作不重视，也不尊重他们。

2. 频繁拨弄头发

面试中如果频繁拨弄头发，会让面试官觉得你很随意，也很自恋，是不尊重面试官的表现。

3. 玩弄手指或衣角

无意间玩弄手指或衣角会让面试官感觉你比较轻浮，比较幼稚，或者比较紧张。

4. 眼神飘忽不定

面试过程中不直视面试官，而是到处乱瞄，飘忽不定，给面试官的感觉就是你不够自信，不够踏实，从而对你的能力产生怀疑。

5. 双手摆放错误

面试时把手放在桌上、双手交叉放于胸前或双手叉腰，都是非常不雅的行为，不仅不礼貌，而且让面试官感觉你像是在摆架子。

6. 肢体动作过于夸张

言语阐述配合一定的肢体语言能产生良好的效果，但如果肢体动作过于夸张，反而会适得其反，给面试官留下浮躁、不稳重的印象。

第二节　自我介绍

自我介绍几乎是所有面试官必问的第一个问题，被认为是影响面试成功的重要因素，甚至是决定性因素。自我介绍不仅是求职者展示自我特色的绝佳机会，也是面试官了解和考察求职者最直接的方法。自我介绍是否精彩，直接奠定了整个面试的基调。

案例 3-3

一次失败的自我介绍

李雨晴正好碰上了一个赞美她名字的面试官："李雨晴，你的名字很好听呀！"对此，李雨晴的应答却不尽如人意："是嘛，谢谢！这个名字比较符合我的性格，雨是比较温柔的，晴是比较热烈的，我觉得我的个性既有顺从的一面，也有比较热烈积极的一面。"

【点评】 面试官夸奖申请人的名字，一是发自内心地赞美一下漂亮的名字，二是希望能够在面试开始的时候，制造一种放松和谐的气氛。李雨晴的回答却犯了一个典型的交流错误：失真。它听起来很“美”，却完全不真实，因为宝宝从妈妈肚子里爬出来时，完全看不出性格是温柔还是热烈！这样反映申请人急于表现自己的优点，结果却违反了最基本的“真诚沟通”的原则。面试官本来想放松一下，结果反而被申请人的自夸弄得浑身起了鸡皮疙瘩，觉得自己接下去要是不夸奖他（她）一番，简直就没法继续交流了。

“哦，我来自肇庆，您去过吗？”恰巧几位面试官都没有去过肇庆，当场气氛显得十分尴尬。

【点评】一般来说，我们不鼓励申请人“反问”面试官，尤其是这种有关个人信息而不是商业信息的私人问题。

“其实我高中的成绩是可以进名牌大学的，但是高考时没发挥好。我虽然不是来自名校，但是我相信自己绝对不比那些名牌大学毕业生差，我一直非常刻苦，每一次作文的得分都是优，我发誓一定要比他们还要优秀……”

【点评】为自己辩解，反而弄巧成拙，暴露了心理素质差，经不起失败的考验。并且，适当地夸奖自己是可以的，但是绝不可贬低别人抬高自己。

“我觉得我学会了与人进行沟通，学会了团队精神，也锻炼了自己的领导能力和组织能力。”

【点评】李雨晴的回答看上去中规中矩，却犯了三个明显的交流错误：一是不全面，因为大学的收获绝不只是沟通和组织能力；二是缺乏说服力，短短一句话，说了自己的四种能力，没有任何事实和数字予以支撑，让人难以置信；三是不够个性化，这样的回答，与别的申请人“撞车”的可能性很大，估计十之八九会让面试官暗叹：“又来一个善于沟通有团队精神的人！”

（资料来源：范文网）

成功的自我介绍可以吸引面试官的兴趣，而失败的自我介绍不仅让面试官感觉平淡无奇，甚至会成为笑话。李雨晴的失败案例正是许多求职者的缩影，有许多值得改善的细节。为什么成功的自我介绍总会让面试官产生“咦”的感慨，而失败的自我介绍只会让面试官感觉到“嗯”，关键就在于一个“巧”字，衍生为真实性和艺术性。

一、真实性

真实性是自我介绍的第一原则。自我介绍要“巧”，巧在于表达方式，而不是内容造假。“巧”是技巧，而不是小伎俩，绝大部分自以为是的小伎俩会被有经验的面试官一眼看破，或者逐步拆穿。求职者应坚持真实性原则，莫要“搬起石头砸自己的脚”。

（一）内容真实

教育背景、工作经验等方面切不可随意捏造，一旦存在侥幸心理，影响的不仅是一次面试机会，甚至会是整个职业生涯。个人技能特长方面要注意用词用语，特别是“接触过、了解、熟悉、熟练、精通”这几个词的区别，做好经得起检验的准备。

失败的例子：小李在自我介绍时提到自己对于英语掌握得较为

熟练，面试官一听，当场翻出一本英语杂志，要求小李现场翻译并朗诵一段。两分钟过去了，小李涨红了脸，一句话也说不出来。

正确的做法：根据自己的实际情况，用正确的词语来反映自己掌握的程度；如果不是对方提问，没有必要把自己的弱点暴露出来。

（二）与简历一致

自我介绍与简历内容不一致，无异于给面试官提供了一次刁难自己的机会。也许这只是你的一个小失误，但在面试官看来，你是一个不诚信的人，会对你的简历和所说内容产生质疑，面试结果不言而喻。

失败的例子：小李在介绍自己的工作经历时，说错了两个地方，一个是自己任职公司的名字，另一个是具体的数据，与简历上所写的内容不相符合。看似一个不起眼的小错误，却被面试官抓住了小辫子。

正确的做法：自我介绍的内容要建立在简历的基础上，写完之后一定要认真比对，一个字、一个数据的错误都有可能导致面试的失败。

（三）用事实说话

要让面试官相信你所说的内容是真实的，就需要你列出具体的事实。一是例子，二是数据。尽量少用空洞的形容词，多列一些数据，或举一两个真实经历来加以佐证，不仅提高了所述内容的真实性，而且展现了自己的思维逻辑能力。

失败的例子：我叫李某某，是重庆大学计算机专业的大三学生，我想应聘产品运营岗位，我在大学里做过一个 ××× 产品项目，还运营过个人微信公众号。具体的情况已经写在简历里了，相信您都看到了，上面介绍得很清楚，我就不多说了。

正确的做法：我叫李某某，是重庆大学计算机专业的大三学生，我想应聘产品运营岗位，我在大学里做过一个 ××× 产品项目，这个项目是 ×××，我主要负责 ×××，取得了 ××× 成果。此外，我还运营过个人的微信公众号，主要发布 ×××，关注量达到 ×××，最高阅读量达到了 ×××，通过这项经历我掌握了 ×××。

二、艺术性

面试官每天招聘都会听到数十位求职者的自我介绍，千篇一律的自我介绍让面试官感觉到乏味。自我介绍只有达到“艺术”的境界，才能使面试官眼前一亮，引起面试官的共鸣。

（一）突出重点

面试的自我介绍一般只有 1 ～ 3 分钟，需要求职者尽量简洁，甚至是用一句话来形容自己。自我介绍的“艺术性”就在于如何用简短的时间来证明自己就是面试官心目中的那个人选，而不是采用“流水账”的形式来“全面”介绍自己。自我介绍要突出重点，从始至终要紧紧围绕自己所应聘的职位，有的放矢地突出自己的品格、能力、特长和工作经验，挑最成功、联系最紧密、最能说明问题的例子来阐述。甚至可以围绕行业、公司或岗位，就讲一件事，把这件事讲好了，同样能展示自己的各项能力。

失败的例子：我是2012年秋季来到深圳上大学的，那时候的深圳天很蓝，跟现在差不多，我经常以45度角抬头仰望天空，想象着我毕业的时候要做的工作，我整整想了一个星期才……

正确的做法：过多不必要的阐述在面试官眼里就是一堆废话，反而会让面试官觉得求职者没有真才实学。上述的介绍完全可以一句话带过“我是2012年来到深圳上大学的，几经磨炼之后才终于确定自己的目标……”

（二）表达准确

自我介绍应多引用专业术语，适当引用一些名人观点，但最重要的还是要保证语句通顺、便于理解。自我介绍要注意用词用语准确，观点鲜明，逻辑清晰，尽量分点分层次来说明。面试之前一定要多读几遍自我介绍，避免语病频出，前后矛盾，让面试官质疑你的表达能力。

失败的例子：我觉得我非常适合技术支持工程师这个职位，因为我学过这门课，也有作为女性和客户沟通的天然优势。哦对了，而且我经常跑步，身体素质比较好。

正确的做法：我觉得我可以胜任这个职位，理由有以下三点：一是我有相关的专业知识背景，大学期间……二是我有丰富的工作经验……三是我的身体素质较好，可以适应加班、出差等高强度工作。

（三）留有悬念

真正成功的求职者能在面试中占据主动地位，引导面试官跟着自己的节奏走。换言之，就是引导面试官提一些自己已经准备好答案的问题。这是很聪明、很巧妙的一个技能，关键就在于如何利用自我介绍。自我介绍应突出重点，列举一些事例来证明自己，同时要注意点到为止，没有必要将所有例子都展开具体叙述，抛砖引玉即可。面试官听完自我介绍后，会选取自己感兴趣或者好奇的部分进一步提问，留有悬念的做法就是成功抓住这一点。例如，如果一位求职者说到“我非常独立，大学四年从未花过家里一分钱”，一般面试官会根据这个话题进一步提问求职者是如何做到的。

失败的例子：很多朋友说我是个天生的销售人才、销售精英、销售狂人、销售大师等，除了军火与人口不贩卖什么都卖！说这个虽然有点夸张了，不过我确实在大学课余时间卖过许多东西，比如书本、自行车、球拍、文具、生活用品、水果、电脑、椅子……当时我是这么做的……

正确的做法：很多朋友都说我是个天生的销售人才，除了军火与人口不贩卖什么都卖！说这个虽然有点夸张了，不过我确实在大学课余时间卖过许多东西，不仅学到了营销知识，也提高了自己的沟通能力和表达能力。

案例 3-4

一次成功的自我介绍

各位面试官：

大家好，我叫张一凡。首先我想衷心感谢各位领导冒雨从深圳赶到华工，给我们一次宝贵的面试机会。面试机会对于我们应届毕业生来说，绝对就像今天的天气，春雨贵如油；或者说，贵如石油！

我来自辽宁省锦州市，我的母亲也是一位石油工作者，她在锦州炼油六厂工作。由于我的父亲多年以前就下岗了，我家的生活和我的教育全部依赖母亲每个月两千多块钱的收入。所以，我对石油行业充满了感恩之情，没有她，我的大学教育很可能会缺失。

在华工，我所学的专业是工商管理，和刚才做自我介绍的张优和李秀同学相比，我非常遗憾地说，自己的学习成绩只是中等水平，原因主要有两方面，一是华工的确人才济济，二是我本人把相当一部分精力投入到了兼职工作中，因为我确实需要兼职的收入。我累计担任了八名中小学生的数学与英语家教，参加了二十多次校园促销，比如雅芳化妆品促销、卡西欧电子字典促销等。销售工作锻炼了我的勇气和耐力，我相信这两种素质将会对我未来的工作很有帮助！

今天我来申请中海石油的商务代表一职，说实话，除了张经理刚刚介绍过的工作内容之外，我并不十分清楚具体的工作要求是什么。在此，我谨浅显地谈谈我个人的理解，我想，这个职位需要这样一个人：第一，要了解并热爱石油行业；第二，要形象端正，表达能力强，思维严谨；第三，作为应届毕业生，必须具备良好的学习心态和踏踏实实的工作态度。对于这三点，我自信自己能够满足，我希望自己能够有机会进入下一轮面试，届时再详细地向您阐述。最后，再次表示我的感谢（鞠躬）！

（资料来源：笔者依据相关资料整理）

上述自我介绍巧妙体现了真实性与艺术性，用真实事例说明自己对该公司的忠诚，而又巧妙表达自己的工作经验和个人能力，分点、分层次地表达了自己的观点和理解。整体表现可圈可点，有许多值得借鉴的地方。

此外，求职者在做自我介绍时，语气、语速要表现得自然一点，而不能让面试官感觉是在“背诵”课文。面试之前一定要熟悉自我介绍内容，反复多练习几次，严格控制好时间，正式自我介绍时避免出现短路现象。

第三节 问 题 回 答

案例 3-5

五次面试均遭失败的求职女生

我是在一次大学生就业论坛上遇到她的，她现身说法，说自己想找一份化妆品公司的销售工作，被五家公司面试过五次，但回回都被拒绝！她回来叹息：大学生找工作真难！

但是，站在我眼前的她，形象很漂亮，气质很优雅，就读的大学很有名，专业很棒！这样的女生，要找一份她所说的不需要什么特殊技能的化妆品销售工作都不能，中国还行吗？中国教育还行吗？中国大学生还行吗？

中国很行。中国教育也很行。中国大学生更行！但为什么她面试五次都不行？

为了中国大学生就业的信心和前景，我向她开火了。

我说："亲爱的，你知道你为什么找不到工作吗？因为你不会面试！这五家公司，肯定每家都问了你同一个问题：你有没有相关的销售经验？而你的回答，一定是……"

"没有！"女生抢在我前面回答。

我说："你明明有这方面经验，岂能说没有呢！你怎么可能没有呢！你平时买化妆品吗？当然！那你可以告诉面试官，你把每次买化妆品的过程，都当成一次考察销售的体验，体验销售的过程，体验销售的感觉，你并没有直接做过挣钱的销售工作，但你每次向同学朋友推荐你喜欢的化妆品，都是一次自发的销售行动，都是一种最真实和最有效的推销行为……"

这可不是什么强词夺理，更不是廉价的脑筋急转弯，这是面试的基本常识：你如何看待自己的过去，如何把自己的各种经历，包括实习经历与个人生活经历，和招聘公司对你的工作需求挂起钩来！

要求大学生拥有与每一个面试公司相关的工作经验是不现实的。但至少你要做足功课，把自己短暂青春里面相关的东西清理一下，无论直接还是间接，无论充分还是勉强，好歹找到和这家公司需求的链接点，先给公司一个雇你的理由！哪怕是基于礼貌和尊重的“强词夺理”，也能打动面试者。说到底，任何公司雇佣入门级的员工，都是有培训的。你有没有这份工作经验其实并不那么重要，但你有没有这份志在必得的心态，却是企业最最看重的个人财富！

缺乏面试技巧，是这个女生求职失败的直接原因、技术原因。但深入探索她的挫折理由，我们可以看到当代大学生在职业发展上存在更多的问题。

这个女生确实喜欢化妆品销售工作。她申请的五家公司，都是同一行业。但对于这样一份自己情有独钟的工作，她大学四年，居然从来没有为参加这个行业做过任何努力。正式的实习不用说是没有的，非正式的尝试也根本没有。其实她只要稍加努力，为此付出哪怕几天、一周的时间，她的面试结果肯定就不一样。

她问我：“什么是非正式的尝试？几天时间真能 make（制造）一个 difference（不一样）吗？”

我说：“当然，比如你会后立即到一家商场去，找一个面善的销售女郎，和她搭讪，买她点东西，留她一个号码——我向她要号码她会狐疑，你向她要号码她只会喜欢——然后约她出来喝咖啡，吃东西，请教销售问题，拜她为师……几次下来，下次你去面试时，人家向你提出‘有没有工作经验’这个棘手问题时，你就可以更加真实而自信地回答：尽管我还没有正式的、全职的经验，但我是如此热爱这份工作，我甚至自己花钱请了一个师傅教我，她是香奈儿（或欧莱雅）公司的销售代表玫瑰红小姐，瞧，这是我帮她出货时的照片！”

面对这样狂热的求职者，公司不立即雇佣才怪呢！

（资料来源：道客巴巴）

这位求职女生五次面试都没有获得机会，唯一的原因在于她自己！面试不是一场简单的考试，而是一门学问，是一门艺术，需要求职者具备扎实的基础和灵活巧妙的技能。面试的巧技能，最精华的部分就在于问题回答这一环节。

一、强而不霸，弱却有心

正所谓“三十年河东，三十年河西”，在发展变化如此迅速的新时代，不存在永恒的“强”与“弱”，强、弱总是相对的，只有“巧”者才能在时代发展中脱颖而出。巧者善于展示强处，隐藏霸势，又能认知弱处，用心成长。

（一）展示强处，隐藏霸势

案例 3-6

太优秀也未必是好事

毕业前四个月，叶奇就已经收到一家知名公司的面试邀请！在精心准备了一个星期之后，叶奇自信满满地来到指定地点参加面试。

面试采用无领导小组讨论的形式，四个人一组。抽到面试题目的时候，叶奇暗自欣喜，自己已经提前有所准备。讨论正式开始，叶奇便抢先发言，恨不得把自己准备的内容都讲出来，别人提出新的观点，马上就被他反驳。整个讨论下来，基本都是他在发言，最后也是他“自告奋勇”担当组长进行汇报。面试顺利结束，叶奇对自己的表现感到非常满意，心想对于进入复试已经十拿九稳。

一个星期后叶奇收到通知，被客气地告知不需要参加复试了，理由是“要给别人说话的机会”。

叶奇感到非常愤怒，责骂对方有眼无珠。第二天，叶奇又收到了另外一家公司的面试邀请，比上一家规模和名声较小，不过叶奇还是打算去尝试一下。这次的面试不是无领导小组讨论，而是由三名面试官直接面试。面试一开始，叶奇便开始了他的个人秀，不断向面试官夸耀自己的成就，甚至质疑面试官提问的问题。叶奇以为自己表现得非常优秀，自己的能力完全符合甚至超出他们的岗位要求了，殊不知面试官已经满肚子火气。最后，面试官出于礼貌地问了一句“你觉得薪酬多少比较合适”，对于这个问题，叶奇直接开出了一个天价，面试官一听，相视而笑，对叶奇说道：“对不起，您这么优秀，恐怕我们公司容不下”。叶奇呵呵一笑，转身摔门就走，气愤地说道：“你们要我，我还不愿意来呢！”

（资料来源：笔者依据相关资料整理）

面试确实是一个展示自我能力的过程，但并不意味着求职者可以肆无忌惮地大放异彩，太过强硬的霸势反而会让面试官觉得不舒服，自然就不会给求职者满意的结果。既要展示自己的强处，又懂得隐藏自己的霸势，才是巧者的做法。

1. 强在哪里

面试最重要的就是向面试官证明“我非常适合这份工作”，让面试官相信自己就是最佳人选，这就需要求职者巧妙展示自己的强处。相比其他候选人，自己究竟强在哪里呢？针对这个问题，要从面试官组织面试的初衷出发，即面试官究竟想考察什么？从招聘的角度出发，可以将面试官的考察点总结为以下 4 点。

（1）求职态度

即你对这份工作的重视程度和自身的态度，这是考察的第一点，也是决定面试是否有必要继续进行的首要因素。求职者首先要端正态度，严肃对待面试机会，并通过正式的穿着或者适当举例，将自己的态度传递给面试官，让面试官感受到自己强烈的求职意向。

（2）个人品格

现在的企业越来越重视对求职者“品德修养”的考核，这在一定程度上比能力更重要。阳光、积极、勤奋、踏实、细心等，每个人的品格有很多种，不可能全部拥有也不可能全部展示出来，重点在于这个职位要求候选人具备什么样的品格。例如，应聘一个会计岗位，细心的候选人可能更占优势。展示个人品格一定要有的放矢，且尽量少用形容词，多引用别人的评价或举出具体的例子来说明。

（3）专业技能

这是胜任这份工作的硬性条件。一是专业知识，二是技能特长，需要求职者注重平时的学习积累，以及面试前的精心准备，才能在面试时表现得比别人更优秀。当然，表达一定要准确，真实反映自己的掌握程度，切忌夸夸其谈、言过其实，经不起面试官的检验。

（4）人岗匹配

即面试的初衷——你是否能够胜任这份工作。这方面主要是考察求职者的工作经验，以及求职者对这份工作的理解。比起培养一个潜力股，面试官更愿意找一个“现成的”匹配者。求职者切不可说自己没有与岗位相关的经验，即使真的没有从事过相关的工作，也要巧妙地“编”一个。当然，本书并不是提倡大家造假，此处的“编”是指将自己的工作实践紧密贴合所应聘的岗位，从岗位要求出发，重新组织表达自己的工作经验，让面试官相信你确实有这方面的经验。

2. 霸的表现

面试的目的不仅是找到一个合适的人，更重要的是找到一个“能为公司所用的人”。如果求职者在面试中表现得太强势，面试官一般不“想”要，也不“敢”要。在面试中，求职者霸的表现主要有以下三种。

（1）蛮横无理不尊重

部分求职者无视招聘和面试规则，我行我素，不尊重面试官，特别是有些“关系户”，认为自己有熟人介绍，参加面试只是走个过场。对于这样的求职者，面试官非常反感，一般不会录用，即使迫于压力录用了求职者，在日后的工作开展中，求职者也会寸步难行。

（2）功高盖主不低头

部分求职者认为自己能力特别优秀，自吹自擂，以自我为中心。更有甚者，趾高气昂，不把面试官放在眼里。古人云："木秀于林，风必摧之；堆出于岸，流必湍之；行高于人，众必非之"，这样的道理在面试中也同样适用。能力强就称霸一方，目空一切，即使不在乎一次面试机会，这样的求职态度也只会让自己四处碰壁。

（3）独断专行不商量

这主要是指那些在无领导小组讨论中独断专行的求职者，不注重与队友的沟通。无领导小组讨论的形式不仅考核求职者的能力，更加注重求职者的合作精神，如果求职者自以为是，不接受他人的意见建议，更容不得别人的批评指正，不与他人沟通交流，不仅队友不高兴，面试官也不会喜欢。

3. 巧者强而不霸

展示自己的强处才能打动面试官，但以此炫耀称霸而不知收敛，只会让面试官弃而远之。真正的巧者强而不霸，懂得展示自己的强处，又能隐藏霸势。巧的关键是尊重，这也是沟通的前提。尊重对方，了解对方的需求和看法，关注对方的感受，会带给自己意想不到的回报。

以无领导小组讨论为例，求职者不一定要争当小组的 leader，做好自己就行。别人发言时要仔细倾听并做好笔记，自己发言时要有条有理、言简意赅、直击要害。同时，适当关注小组里没有发言机会的成员，提议听一听他们的看法，也会给面试官留下良好的印象。

（二）认知弱处，用心成长

案例 3-7

自考女生击败名牌大学学生的求职故事

她，一位没有上过正规大学课程的、参加自考的、乡下的女生，却击败了好几十位来自名牌大学的学生，在一家知名外企应聘到了一份令人羡慕的工作，一年后，她又做起来挑战性很强的同传翻译。在采访中，记者问她是怎么看待机遇的，她抿了一口咖啡，微微地笑了一下说：我知道自己是金子，但我更知道让自己发出亮光。不可否认，作为自考生，虽然拿着国家承认的文凭，但是却要比正规大学的同学面临更多的艰辛，如果连你自己都不能展现自己的优点，那么别人就更不可能信服你。我租住的宿舍离著名高校北京航空航天大学很近，说实话，我也很羡慕他们那些名牌大学的学生，我也承认，他们能进入重点高校，一定有着很多的优点。因此，我的心中就有一个想法，一定要找机会多向他们学习，而且，要在学习的过程中为自己找到被承认的机会。

北航有英语角，很多同学都到那里练习英语，而且有外教指导。我自考考的正是英语科目，我当时想，这是提高自己口语水平的一个很好的机会。于是，我动员宿舍的人和我一同去，然而费了一晚上的口舌，大家没有一个人愿意和我同去，原因很简单，在很多自考生的心中，有一个谁也不愿承认但却真实存在的声音——我是自考生，与名校生相比，我低人一等。最后，我一个人去了。说实话，听着名校学生流利的英语，我的心里又激动又紧张。我不停地给自己打气——你能行！要想让别人知道你的优点，你必须学会突破自卑。就这样，我终于说出了第一句话，逐渐地，我进入了状态，越讲越流利，越讲越兴奋。我积极地向外教提了很多问题，以至于临分别时，外教微笑着对我说："你是一个聪明的女孩，我能看出你对英语很感兴趣，你是很棒的！"而且，我的表现给外教留下了很深的印象，他一下子记住了我的名字。

有了第一次的良好体验，我越发觉得，自己其实并不差，关键是能把自己的才华展示出来。从那以后，在我读自考的四年里，只要有英语角，无论刮风下雨，我都赶去参加。在北航没有英语角的时候，我还骑车赶到人大、北大等名校去参加英语角。以至于很多人都认识了我。

后来，当外教知道了我是一位自考生时，他对我说："你的勇气将是你最好的大学。"

这句话深深地影响着我，我寻找一切可以提高英语能力、可以巩固自己优点的机会。每一次去听讲座，我都是坐在第一排的学生，而通常大家是不愿意坐第一排的；每一次老师提问，我都第一个举起手来将自己心中的想法响亮地回答出来。而且，我也尽可能地争取和名校同学一起参加活动的机会，我知道，有可能机遇就在那一瞬间降临。

有一次，北航学生会的同学举办英语演讲比赛，我去报名，但由于我不是本校的学生，我被拒绝了。但是我没有退缩，我努力地和负责人联系，希望他们能给我一个机会，可以不给我参与评奖的资格。可能是我太执著了，他们终于破格让我参加了。

站在演讲台上，面对着台下那些名牌大学的老师和同学，我心中的热血在沸腾，我在想，谢谢你们给我这次机会，我一定要以自己最好的表现来珍惜这次机会，来感谢你们。那一次，我表现很好。出乎我意料的是，演讲比赛将近结束时，一位老外走上台来，他是来这里招聘员工的，他客气地邀请了几位同学，说如果对他们公司感兴趣，可以去了解一下。我便是其中的一位。原来，这位老外还在其他高校用这种机会初步选定了一些同学。

应聘那天，他让我讲一下把英语讲好的技巧，我生动而简洁地讲了来北京自考的经历及为自己寻找机遇的过程。听完之后，老板赞赏地向我点头。就这样，我顺利地击败了其他的应聘者，拥有了一份难得的工作。

（资料来源：笔者依据相关资料整理）

强弱是相对的，也是交替存在的，弱者同样能通过努力成为强者。正如上述案例中的主人公，当自己身处弱势时，不自暴自弃，而是更加积极努力，常怀学习心、赞美心和感恩心。

1. 虚心学习

有缺点并不可怕，可怕的是无视自己的缺点，不知进取。面试中要正视自己的薄弱之处，同时要表现出自己虚心学习的态度，为自己创造“可塑造性”。当面试官提及自己的弱项时，不用过于紧张，保持平常心态，突出其他方面的特长。当然，日常生活中更要注重学习，时刻以“三人行必有我师”的求学态度激励自己，抓住每一次学习的机会，让自己变得更强大。

2. 真诚赞美

著名人际关系专家卡耐基在《人性的弱点》一书中指出：“每个人的天性都是喜欢被别人赞美的”。每个人都需要被他人认可，从他人的赞美中能够看到自我价值（自尊心）获得满足。当一个人真诚地表达对他人的赞美之时，对方也能够快速地获得正向的能量并保持愉悦的心情，沟通也就自然而然顺畅不少。求职者在面试中对于面试官提出的问题和做出的点评，要真诚地赞美，使用赞美的词汇来拉近彼此的距离。

3. 心怀感恩

时刻保持一颗感恩心，才能够拥有欢快、平和、积极、向上的态度，这样其他人才会更愿意与自己沟通交流。面试一开始，求职者首先应该感谢面试官给予自己的面试机会。无论面试结果如何，都应该再次表达自己的谢意，除了感谢对方给予自己面试机会，也要感谢在面试中的收获。

二、沟通系统，细节感人

面试的本质就是沟通，而沟通是一个系统。真正的面试从投递简历就已经开始，直至最后签订聘用合同。在这个过程中，沟通无处不在。每个环节的沟通共同组成了面试的沟通系统。在这个系统中，求职者既要把握整体思路，也要注意具体细节，实现高质量的沟通。

（一）开放闭环系统

案例 3-8

“面试大牛”的经验分享

又是一年毕业季，当同学们整天奔波于招聘会、投简历和面试现场时，孙悦却在为选择哪个公司而犹豫。一个月下来，孙悦已经拿到了五个企业的 offer，其中三家还是世界 500 强企业。优秀的个人简历是他取得成功的前提，但最令同学佩服的还是他的面试成功率——100%！五次面试均取得成功，孙悦同学“面试大牛”的称号在同学之中迅速传开，不少同学也纷纷上门请教经验。

孙悦同学谈起自己的面试经验，用一句话概括了自己对于面试的看法：“面试不是考试，而是一个沟通系统”。孙悦在大学期间参加过许多次实习面试，也有不少失败的经历，有面试前准备不充分的时候，有面试中发挥不稳定的时候，也有面试后工作不到位的时候。从这些失败的经历中，孙悦清楚地认识到，面试其实就是在聊天，在沟通。对于面试沟通系统中的任何一个环节，孙悦比谁都清楚，自然也就做得比别人更出色。

（资料来源：笔者依据相关资料整理）

面试的成功也需要经历数次的失败，但如果求职者能够提前认清面试的本质，就可以少走许多弯路。掌握了沟通技巧的人，在面试中就已经赢在了起跑线。而沟通是一个系统，做到一闭一合，才能让沟通系统高效运转起来。

1. 构建闭环系统

系统的基本特征就是一个环，意味着有起点也有终点，终点可能预示着新的起点。从总体来看，面试这个沟通系统由自我沟通、沟通准备、他人沟通、总结反馈四个环节形成一个闭环（如图 3-1 所示）。从正式面试环节来看，“自我”与“对象”的交互式沟通也形成了一个闭环的沟通系统（如图 3-2 所示）。

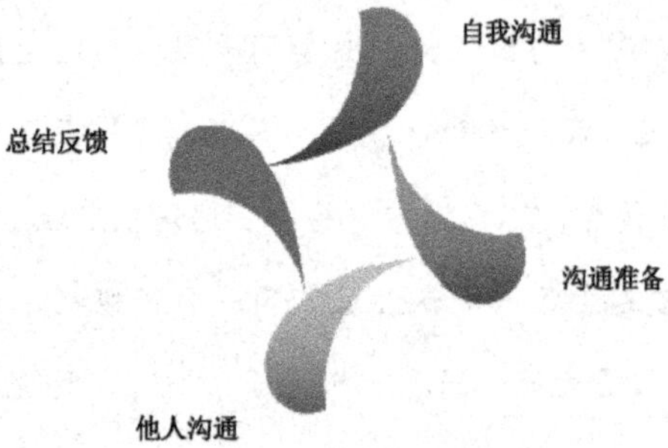

图 3-1 面试沟通的闭环系统

沟通的闭环管理体现了交互式的系统流程，各部分环环相扣。求职者要重视沟通的每个环节，让每个环节完美衔接。同时，要注意沟通是一个循环系统，一次沟通的终止意味着下一次沟通的开始，只有持续改善沟通效果，才能构建一个高效运转的闭环系统。

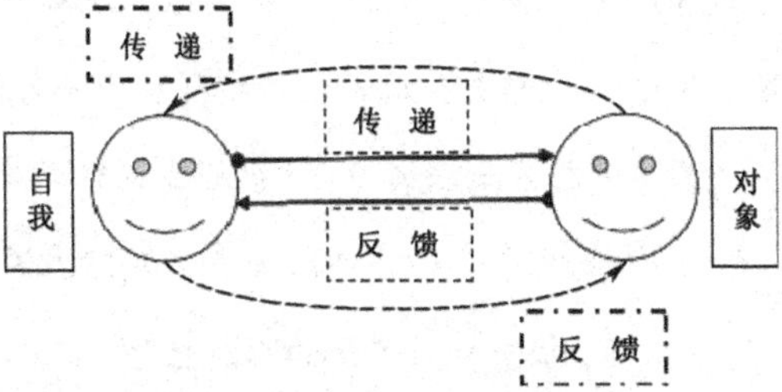

图 3-2　正式面试中的沟通系统

2. 开放系统环境

个体为了使沟通系统在进化中达到阶段性的均衡，要跳出自身的局限，不断地到外部获取新鲜的信息和养分，就像思路闭塞时，需要开阔视野才能获取灵感一样。这就需要求职者对外开放系统环境，积极获取信息，为面试沟通营造良好的环境。

（二）细节决定成败

案例 3-9

一个小动作成就一代名人

美国福特公司名扬天下，不仅使美国汽车产业在世界占据鳌头，而且改变了整个美国的国民经济状况，谁又能想到该奇迹的创造者福特当初进入公司的“敲门砖”竟是“捡废纸”这个简单的动作？

那时候福特刚从大学毕业，他到一家汽车公司应聘，一同应聘的几个人学历都比他高，在其他人面试时，福特感到没有希望了。当他敲门走进董事长办公室时，发现门口地上有一张纸，很自然地弯腰把它捡了起来，看了看，原来是一张废纸，就顺手把它扔进了垃圾篓。董事长对这一切都看在眼里。福特刚说了一句话："我是来应聘的福特"。董事长就发出了邀请："很好，福特先生，你已经被我们录用了。"这个让福特感到惊异的决定，实际上源于他那个不经意的动作。从此以后，福特开始了他的辉煌之路，直到把公司改名，让福特汽车闻名全世界。

平安保险公司的一个业务员也有与福特相似的惊喜。他多次拜访一家公司的总经理，而最终能够签单的原因，仅仅是他在去总经理办公室的路上，随手捡起了地上的一张废纸并扔进了垃圾桶。总经理对他说："我（透过窗户玻璃）观察了一个上午，看看哪个员工会把废纸捡起来，没有想到是你。"而在这次见到总经理之前，他还被"晾"了 3 个多小时，并且有多家同行在竞争这个大客户。

（资料来源：笔者依据相关资料整理）

一个细小的动作竟决定了面试的成败。当然，现在的企业已经不流行"捡废纸"的面试形式，但面试官对于"细节"的考核却从未停止过。沟通系统就是由一个个细小环节构成的，细节能够反映沟通个体的专业水准，在沟通过程中，细节犹如机器的关键螺丝钉，一旦散落，机器崩坏。

高超的沟通能力在于沟通双方对细节的把握。精于沟通的最重要原则，是将自己的想法正确无误地传达给对方。在面试中，求职者要掌握看、听、读、记、思、说等细节方面的技巧，如图 3-3 所示。

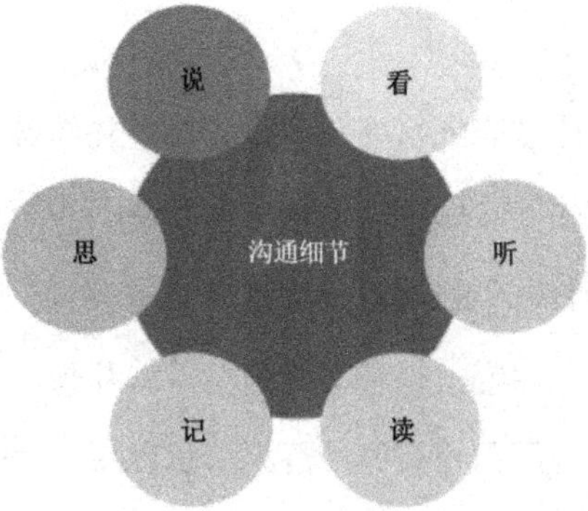

图 3-3　沟通系统的六个细节

1. 看

面试过程中，要注意观察，一是观察周围环境，二是观察面试官。观察周围环境并不代表求职者应该到处寻找哪里有“废纸”，而是要求在顺其自然的基础上多留个心眼。要熟悉周围环境，动作也不用太刻意，展现自己平时的好习惯就行。在与面试官交流时要注意眼神的沟通，同时观察面试官的神情和反应，适当调整自己的言行举止。

2. 听

无论是面试官发言，还是小组讨论中的队员发言，求职者都应该注意倾听。首先，倾听要专心，不仅能让对方感受到自己的尊重，也能避免重要信息的遗漏；其次，倾听要用心，听懂对方的弦外之音，更好地领悟对方的意图和想法；最后，倾听要耐心，切不可贸然打断对方说话，自以为是地断章取义，要耐心等对方把话说完再回应。在倾听的过程中，可以配合一些细微动作，比如点头来表达自己的专注和对说话内容的认可。

3. 读

有些面试会让求职者当场阅读相关材料并作答，特别是外企单位。求职者要掌握阅读的技巧，才能在最短的时间内获取重要的信息。首先，要听清或看清问题是什么，带着问题去阅读；其次，先读概要，了解全文在讲什么内容，接着，看每一段的开头，迅速阅览全文；最后，重点阅读与问题相关的段落。求职者在日常生活中应该注意阅读的技巧，掌握快速阅读的方法。

4. 记

记得细节，是对信息和资源的掌控，可以帮助沟通双方准确交流，精准判断，面试中也要掌握记的技巧。第一，要时刻牢记自己的面试目的，记住自己所应聘的岗位，不要牛头不对马嘴；第二，记住对方的名字是一种礼貌，在面试前30秒就要迅速记住面试官的名字，并分析面试官的特点，迅速找到切入点；第三，记住对方说的话，特别是对方的点评，有助于自己不断改善沟通效果。面试时可以带上一本空白的笔记本，在面试前先征求面试官的同意，澄清说明笔记本上没有其他内容，只用来记录面试官的问题和评价。

5. 思

要将自己的想法见解传达给对方，需先在大脑中整理思维而掌握其要点，提纲挈领，然后，再将其要点传递给对方。面试官提问之后，不要急着回答问题，允许自己有几秒钟的思考，想清楚面试官究竟要问什么，应该怎么回答。如果问题确实比较难，可以主动、诚恳地向面试官申请给自己一分钟的思考时间。思考问题时，既要发散思维，学会举一反三，也要注意逻辑思维，不要天马行空，胡乱作答。

6. 说

面试最重要的就是说话的技巧。首先，说话的语气语调不能像平时那样随意，但也不要太过做作，真诚宜人、让对方感受到尊重即可，同时要注意配合不同情景，调整语气语调的高低、急缓、强弱、轻重等，并在重点的前后两处，稍停顿以引起对方的注意；其次，语速不要太快，特别是紧张的时候容易加快语速，一定要时刻提醒自己，控制好语速；接着，要选择适当的言辞，不要使对方产生误解，必要的时候可以配合一些肢体语言；最后，沟通是双向的，要尽量制造使对方有反应的机会，比如适当地反问面试官，让对方积极参与沟通，增加互动的频率。

三、尊重差异，展示特色

我们每个人来自不同的原生家庭，具有不同的文化背景，受到的教育程度不同，在价值观、信仰等方面也会存在诸多差异，这些差异有时会导致沟通的冲突，使得沟通不顺畅。个体之间的差异是客观存在的，求职者首先要尊重与面试官的差异，确保沟通顺畅，在此基础上得体地展示自己的特色。

（一）正确认识差异

案例 3-10

我对雇佣了低水平面试官的公司不感兴趣

在一家国企打拼了 10 年的刘强，最近想换个单位发展，在猎头的推荐下参加了一家外企公司的面试。

负责面试的是两个 90 后的年轻 HR，面试形式完全超出了刘强的意料。面试一开始不是让刘强做自我介绍，这让刘强感觉有点突兀，辛苦准备的自我介绍没有派上用场。从“一分钟打动面试官”到各种情景模拟，这样的面试形式让刘强感觉格格不入。两个年轻的 HR 又陆续提了几个刁钻古怪的问题，似乎与所招聘的岗位完全无关，这让刘强开始恼火起来，最后实在忍不住转身走人，气愤地说道：“这些 90 后的面试官也太不专业了，我对雇佣了低水平面试官的公司不感兴趣。”

（资料来源：笔者依据相关资料整理）

世界上没有完全相同的两片叶子，不同的个体之间会有不同的差异，正是因为这些差异使得世界如此缤纷绚烂。但如果不正确认识这些差异，就会成为建立良好人际关系的拦路虎，导致沟通不顺畅。面试中，求职者更应该正确认识与不同面试官之间的差异，尊重彼此的差异才能更好地体现自己的价值。

1. 原生家庭的差异

原生家庭是指个体从小成长的家，原生家庭中父母的婚姻状况、贫富程度，以及工作性质、处事方式等都会对子女产生一定的影响。原生家庭塑造人的个性，影响人格成长、人际关系沟通、管理情绪的能力，甚至是个人生活习惯的养成。求职者要正确认识这个差异的存在，理解并接受差异带来的沟通方式的不同，才能对症下药，契合面试官的需求！

2. 文化背景的差异

来自不同文化背景的人，沟通起来会有比较大的障碍。在外资企业纷纷涌入中国市场之时，越来越多的中国人在外资企业中工作，但是中外文化的差异往往影响着沟通效率。习惯了国内企业工作风格的求职者，如果想要到外企发展，一定要提前了解外企的文化，做好心理和身体上的准备，这不仅关系到面试沟通，也关系到入职之后的工作开展。

3. 年龄的差异

80 后的人被 70 后的称为“垮掉的一代”，同样的，90 后的人被 80 后的称为“垮掉的一代”。“前人”总是会抱怨“后人”跟不上自己的节奏，俗话说 3 年便是一个代沟，可见年龄差异确实会使沟通变得不那么容易。事实上，不同年龄段的人都有各自的特点，没有绝对的好坏之分。求职者在面试中不管是遇到比自己年长还是遇到比自己年幼的面试官，首先要正视年龄差异的存在，其次要从对方的角度去理解他们的思维方式和行为习惯，最后则是要学会包容。

4. 性别的差异

性别的不同给沟通带来的影响往往是两方面的，既有相斥的一面，也有相吸的一面。在与异性进行沟通时，应当理解对方的差异，并自我调适。否则，便只能在沟通失效时，发出一句“女人来自金星，男人来自火星”的无奈感慨。同时，性别的差异不仅仅会造成沟通冲突，还可以在沟通中达成互补。求职者要正确认识异性的差异，尽量避免差异带来的不利影响，并充分利用差异达成互补的效果。

巧技能 7

女性求职者如何回答面试官的敏感问题

“能招男性的，就尽量不招女性”，许多公司在招人时都存在着这样的顾虑。虽然当今社会提倡男女平等，但女性在求职路上的确面临着许多不公平的现象。正因为如此，女性在求职过程中更应该注重技巧，为自己赢得工作机会。针对女性求职者，面试官在面试中会经常提问一些敏感的问题，面对这些问题应该如何回答呢？

1. 谈恋爱了吗？结婚了吗？

针对这个问题，首先要客观陈述事实。同时，要正确认识到面试官问这个问题的背后含义，即“你是否能稳定在这里工作”。

如果有，在回答的过程中要强调稳定性，特别是异地恋的情况。可以告诉面试官“我和我的对象已经打算在这个城市稳定下来，都希望能够在这附近找到一份稳定的工作，所以我非常渴望能够得到这份工作”。

如果没有，则要强调自己的专业性，告诉面试官“我这个年龄段主要还是想以工作为主，想要在事业上有所建树。当然，为了追求稳定，我也希望能够在附近找到一个志同道合的男朋友，两个人共同发展”。

2. 有孩子了吗？

随着二胎政策的开放，这个问题显得更加敏感了。针对不同的情况，也要有不同的回答。

还没有生孩子。要强调自己非常珍惜这次工作机会，告诉面试官“我们现在的生活还比较吃力，近期生孩子是不明智的选择。同时，我也是一个事业心比较强的人，不想在这美好的时间段做一个家庭主妇。所以我和我爱人已经达成共识，想要在事业上先做出一番成就，让公司认可我的价值，再来考虑生孩子的事”。

已经有一个孩子了。“我已经有一个孩子了，现在的家庭已经非常幸福了，所以有更多的精力来投入到工作中。我是一个事业心比较强的人，所以会珍惜这样的工作机会，暂时不会考虑生二胎问题”。

3. 当工作和家庭出现矛盾时，你会如何解决？

无论是男性还是女性，都存在工作和家庭的矛盾，只是传统观念让人们觉得女性应该要更倾向于家庭。面试官不会想去招一个只顾着工作或者只顾着家庭的求职者。针对这个问题，求职者可以这样回答“首先，我要承认工作和家庭之间难免会存在一些矛盾，我也非常看重自己的家庭，如果家庭面临一些重特大事故，我会选择先照顾家庭。同时，我更加看重的是工作机会，因为工作不仅是生活物质的保障，更是我个人的追求。工作和家庭之间的矛盾并非无法化解，在来应聘这份岗位之前，我和我的爱人已经协商好了，针对各种具体的矛盾都已经想好了具体的解决办法。我爱我的家庭，也爱我的工作，当面临两者之间的矛盾时，我不会先想着应该抛弃哪一方，而是先考虑如何解决问题。我相信自己有这样的能力，同时我也有一个幸福美满的家庭在后方支撑着我，让我能够在事业上大展身手”。总而言之，女性求职者在求职过程中不必过于强求，将最好的自己呈现出来即可，自然会有欣赏你的企业。

差异并不可怕，可怕的是人们对差异的错误认识。接受并正视差异的存在，尊重彼此的差异，面试沟通才能有效进行。

（二）巧妙展示特色

案例 3-11

憨豆急中生智

憨豆在成名前，到英国一家著名的马戏团应聘当滑稽演员。考官面试出的题目是当场让人捧腹大笑。憨豆又讲笑话又演哑剧，可考官没有一人露出一丝笑意。憨豆急了，亮出绝招，转身打开面试房间的门，对着外面其他等候面试的应聘者们大叫：“喂，你们都可以回家吃饭了！他们已决定录用我了！”这时，已经憋了很久的考官们一下大笑了起来。憨豆终于找到了一份可以发挥自己特长的工作，最终成为世界著名的滑稽大师。急中生智能让求职者想出招聘方负责人欣赏的谋略，说出招聘方负责人欣赏的话语，做出招聘方负责人欣赏的事情。

（资料来源：笔者依据相关资料整理）

憨豆的机智巧妙帮助他成功击败了其他竞争对手，也给其他求职者带来了许多启发。在当今社会中，个性化、特色化日益凸显，西方文化甚至强调个性的张扬。但在中国的情境下，更加注重的是在符合社会组织规范的前提下巧妙地展示自身特色。在面试中，求职者不仅要有特色，更要注重展示特色的技巧。

1. 识别自身特色

每个人都是一个特别的存在，个体应该正视自身的特色。正确认识自身特色，要在面试之前就做好准备工作。求职者要时刻做好自我认知，在制作简历的同时进一步认识自己、总结自己，并且在面试前的准备工作中准确提炼自己的特色，识别自己领先于他人的优势所在。在面试时，要突出自己的一个闪光点，即使工作能力不突出，长相也不具有优势，但至少性格要好。找准自身特色极为关键。

2. 适当展示特色

面试成功的技巧之一就是让面试官记住自己的名字，这就需要求职者能够展示出区别于他人的独有特色。在面试沟通中，求职者要自信地展示自身特色，同时又要掌握好一个“度”。过度的张扬和锋芒毕露容易招致别人的嫉妒和排斥，求职者要选择不引人反感的方式，适当地将自己的特色展示出来。

3. 学会讲故事

不少人事经理把面试比做一场讲故事大赛，谁讲得好谁就会被录取。学会讲故事，已经成为面试沟通的一项必备技能。在讲故事之前，首先要遵循真实原则，天马行空的故事只会起到反作用。求职者要将自身的特色、实际的经历融合到故事中，用讲故事的形式，巧妙地展现出来。

巧技能 8

如何把故事讲好

要把故事讲好，就应该按照逻辑讲清楚故事的起因、经过和结果。求职者在面试中可以按照“START”原则来把故事讲好。

S（Situation）：交代故事的大概背景，通过适当的渲染，加强面试官的代入感。

T（Task）：交代具体的任务是什么，要尽量体现这项工作的困难和阻力，一方面可以激发面试官的兴趣，另一方面则是更好地突出自己的能力。

A（Action）：讲清楚自己采取了什么手段来克服困难，是如何开展工作的。

R（Result）：通过具体的数据、评价等事实来说明自己最后取得了什么成果。

T（Thought）：最后要做好总结，说明自己在整个故事中取得了什么收获，哪些做得比较好，哪些没做好，如何做得更好。让面试官知道自己除了会干活，还是一个会总结、会思考的人。

四、角色明确，换位思考

在社会化群体生活中，个体很难脱离群体而生存；而同一个人在不同的群体环境中，往往要扮演不同的角色。沟通亦是如此，沟通的双方因为背景、立场的不同，在沟通过程中扮演着不同的角色。面试沟通中的面试官和求职者就是两个不同的角色，求职者在面试中要明确自己扮演的角色，从自己的角色出发参与沟通。同时，采取换位思考的沟通方式才能取得共赢的结果。

（一）明确并扮演好自身角色

案例 3-12

面试官眼中的奇葩求职者

正常的求职者大都一样，而奇葩的求职者却是千奇百怪，令面试官无力吐槽。

1. 面试时间听我的

面试时间的确定一般以用人单位的规定为准，同时也会考虑求职者的个人情况。但总有一些奇葩求职者耍大牌，要求按照自己的时间来，甚至是提出奇葩的时间要求。这样的求职者一般也不会准时到达面试地点。

2. 不要问我这么低级的问题

“我的简历上不是已经写了吗”“我有车有房，你觉得我会看重工资吗”“自我介绍没什么好说的，你直接问问题吧”……诸如此类的奇葩说法不胜枚举。在求职者看来，面试官提的问题太低级；而在面试官看来，这样的求职者连最基本的职业礼仪都不懂。

3. 提各种要求

有些求职者不知哪来的自信，都不确定对方单位是否会录用自己就开始提各种条件，比如不能加班、不能出差、要有多少补贴……

4. 反问面试官

沟通是双向的，适当地向面试官提一些问题可以促进双方的交流，但有些求职者却把握不好那个“度”。面试官每提一个问题，求职者就会拐个弯把问题甩给面试官，整场面试下来，面试官的发言比求职者还多，究竟是谁在面试谁？

（资料来源：笔者依据相关资料整理）

没有认清自己的角色，是许多求职者面试失败的共性原因。求职者在面试中以自我为中心，忽略了彼此的角色差异，越位或者错位的表现往往只会让面试官啼笑皆非。

1. 明确自身角色

求职者首先要清楚认识到自己是来应聘的，不是来谈判的。当然，这并不意味着求职者要用“乞求”的态度向面试官示好，而是要放低自己的姿态，收敛自己的锋芒，与面试官建立平等的关系，在平等的沟通中打动面试官。而平等的关系是建立在互相尊重的基础上的，无论面试官的态度如何，求职者都不应该僭越自己的立场。

2. 扮演好自身角色

明确自身角色之后，如何扮演好自身角色又是一个关键问题。角色的扮演贯穿整个面试过程，求职者要掌握方方面面的巧技能才能把这个角色演好、演活、演绝，这需要求职者具备一定的经验知识。从沟通的角度来看，要扮演好自身的角色，应把握好以下几个关键点：了解自己和沟通对象；确定沟通目的；选择沟通方式；调适自我情绪；确保状态专注；重视沟通表述；积极反馈回应。至于具体如何扮演好自身的角色，一个中心原则就是——换位思考。

（二）分析并满足对方的需求

案例 3-13

期待变成了现实

当年，刘婷来到北京参加模特选拔赛，结果被淘汰，她不甘心就此回乡，于是就留在了一家模特公司做勤杂工。一天，有一场服装演出缺一名模特，前来面试的几个女孩子都不能让面试官满意，后来，有人把刘婷推荐过去。

当面试官看到刘婷的时候，她已经将演出需要穿的衣服换好了，而且还以标准的猫步向面试官走了过去，面试官对她顿生好感。在面试过程中，只要面试官稍一示意，刘婷就立刻认认真真地摆出各种造型。交谈的时候，面试官表扬了刘婷的态度，刘婷认真地响应道：

“我非常希望有机会展露我的模特潜质，我期待这次机会已经很久了。我知道机会稍纵即逝，我不能让我的期待变成泡影，所以，我是以非常严肃认真的态度来对待这次面试的，我对咱们的合作充满了期待。”

面试官深深感受到了刘婷的诚意，痛快地让她的期待变成了现实。

（资料来源：笔者依据相关资料整理）

求职者在面试中最想掌握的一个技能应该就是“读心术”。案例中的刘婷仿佛已经拥有了这个技能，能够迅速读懂面试官的示意并及时做出回应。想要学会“读心术”其实并不难，关键在于自己是否足够用心。

1. 分析对方的需求

换位思考的出发点就是站在对方的角度去思考，设身处地地分析对方的心理过程。而对于面试来说，换位思考最重要的一点就是分析对方的需求。这里所指的需求包括紧密相连的两个方面：岗位需求和面试官需求。要分析岗位需求，求职者可以在面试前仔细分析岗位的职能职责和任职要求。而要分析面试官的需求，则需要求职者在面试过程中能够听懂面试官的“弦外之音”。面试官总是带着目的去提问的，关键就在于求职者是否能够读懂面试官的潜台词，读懂问题背后真正想考核的内容。当然，这不仅需要现场的观察和倾听，更需要面试前的准备。

2. 满足对方的需求

求职者展示自身特色不应该是毫无目的地表现，要将“对方想要什么”和“自己有什么”紧密结合在一起，才是推销自己的最高境界。求职者在回答问题时，要时刻围绕自己所应聘的岗位，围绕面试官的考核指标（前文所提及的四个指标：求职态度、个人品格、专业技能和人岗匹配），切忌答非所问。

巧技能 9

面试答题的五大技巧和五大误区

●五大技巧：

1. 真诚。真心、诚恳的态度才是面试最有用的技巧。表达方式上可以灵活巧妙，但是内容必须诚实，同时又要表现出对渴望这份工作的真心诚意。

2. 辩证性思维。先别急着回答问题，允许自己有几秒钟的思考时间，发散自己的思维，从辩证的角度来看待问题，同时又要注意回答问题的逻辑性，尽量采用分点回答，例如：我认为这个问题可以从以下几点来分析：一是理论上（结合一些学术理论来分析）；二是结合实际来看（结合实际情况，特别是自己应聘的岗位）；三是我个人的观点（阐述自己对这个问题的看法）。

3. 学会讲故事。回答问题不要采用“背诵”的形式，要更加生动形象地展示出来，可以采用讲故事的形式，多用一些例子来证明自己。

4. 换位思考。站在面试官的角度，了解对方的言外之意，知道对方想听到什么样的答案，喜欢什么样的表达方式。

5. 虚心学习。人无完人，对于自己确实不懂的地方要勇敢承认不足，并且要表明自己会积极学习改进的决心。

● **五大误区：**

1. 临阵怯场。如果自己没调整好心态，即使能力再优秀、准备再充分，也会表现得不尽如人意，不能怪面试官不给自己机会。

2. 心直口快。三思而后行，切忌知少言多。有些求职者在面试中不注意表达，一不小心就把自己的缺点暴露出来；还有一些求职者以为跟面试官聊得比较愉快，把一些“不该说的话”也说出来了。切记言多必失，面试官没问的问题就不要说太多，面试官问到的问题也要把握好尺度。

3. 无视规则。总有一些求职者不走寻常路，随意打破面试规则，以为自己的创意表现能打动面试官。还有一些求职者在面试中报出自己的“关系户”或“熟人”，这是令面试官最反感的行为。

4. 话太少 / 太多。面试官提问一定是带着目的的，如果对于每个问题，求职者的回答都只是“YES/NO”，等于自动放弃了机会。当然，有些问题确实只需要回答是与不是就行，长篇大论、喋喋不休只会让面试官反感。

5. 言过其实。简历造假、回答说谎是面试的大忌，求职者要实事求是，不可自以为是、言过其实地过度吹捧自己，要让自己经得起检验。

第四节　自由提问

“请问你还有什么问题吗？”面试的最后，面试官一般会给予求职者提问的机会，求职者可以在这个环节中提出自己感兴趣的问题，与面试官进一步互动讨论。求职者一路过关斩将，终于来到了面试的最后一个环节，这关键的临门一脚是否能够踢好，直接攸关面试的最后结果。

一、恰当地提问

绝大部分面试官表示，在最后的自由提问之前，对于是否录用该名求职者其实已经有了大致的答案。但是考虑到对求职者的尊重，还是会给求职者提问的机会。话虽如此，但相关研究表明，仍有30%的求职者（原本已经决定录用）因为最后一个环节的失误导致自己被淘汰。

案例 3-14

纠缠薪金求职泡汤

李玉然是个销售干将，年轻时，做事风风火火，雷厉风行。可是随着年龄的增加，经验的增长，她的工资却没有水涨船高，于是她决定跳槽。经过几个月的奔波，她终于物色了一份比较适合的工作。面试的时候，老板很欣赏她的才干，言语中颇有赞赏之意。

最后，老板微笑着说："我们公司的规定是试用期三个月，不过既然你已经做了这么多年了，经验丰富，试用期就按一个月算吧。这个月的工资是两千五加上提成，如果你没有意见的话，明天就可以来上班。"李玉然很高兴，但是她觉得老板和她的关系如此融洽，不妨再套套近乎，让对方提高一下待遇。

于是，她试探道："与您这样大方爽快的老板打交道真令人感到愉快，不过，我更希望您能把工资提高到三千左右，这样的话，我马上就可以与公司签约。"老板一听，觉得李玉然得寸进尺，是个没有底线的人，当即委婉地拒绝了她的请求。当然，李玉然眼看就要到手的工作也成了泡影。

（资料来源：笔者依据相关资料整理）

自由提问虽然有可能只是走个过场，但是面试并未结束，这依然是考核的一个环节。根据自由提问的效果，有的求职者葬送了即将到手的机会，也有求职者为自己赢得了逆转的机会。那么，最后一个环节究竟应该问什么问题？不应该问什么问题？

（一）应该问什么问题

1. 与公司相关的问题

（1）能否为我介绍一下公司的工作环境，或者我是否有机会参观一下贵公司？

（2）如果面试官是职位级别较高的领导，可以适当地问一些与公司发展相关的问题，所提的问题尽量具体一点。

2. 与职位相关的问题

（1）贵公司对这个职位的期望是什么？

（2）这个职位的上下级关系是什么？

（3）职位所在部门的规模情况如何？

3. 与自我发展相关的问题

（1）公司是否会组织正式或非正式的培训？

（2）对于新加入的员工，是否会有前辈指导？

（3）这个职位的晋升情况如何？

（4）公司是否有外派、转岗、轮调的机会？

（5）公司是否鼓励在职进修？

上面所列问题属于普遍适用性问题，也是面试官经常听到的问题，如果求职者想要问一些创新的问题来表现自己，一定要结合自己应聘的岗位和面试官的情况进行抉择。如果条件允许，可以事先调查面试官的信息，在提问中找到共同话题，引起面试官的共鸣。

（二）不应该问什么问题

1. 什么问题都不问

一言不发或者一个问题都没有的求职者，相当于自动放弃了机会。

2. 敏感性问题

（1）薪酬、福利、补贴（在正式通知录用之前，求职者仍然处于被动的立场，这时候表现出对于薪酬待遇的重视是不明智的选择）。

（2）加班情况（这完全可以通过其他渠道获取信息，没必要这个时候紧咬不放）。

（3）我的表现怎么样？是否被录取了？（面试官一般无法当场给出答案，问这个问题只会给自己减分。）

3. 面试官回答不了的问题

（1）太过高深 / 专业的技术问题。

（2）超出面试官职位等级所能回答的问题。

（3）超出应聘岗位的问题。

4. 过于简单的问题

（1）网上能够轻易查到答案的问题（比如公司的业务、产品）。

（2）太过空泛的问题（比如“公司的愿景是什么”）。

记住，最后一个环节不要只是为了追求答案才提问，更重要的是表现出你对这份工作的强烈意向及自己的个人见解，争取能够进一步与面试官互动交流。

巧技能 10

如何正确地谈薪

谈薪，这应该是绝大多数求职者比较关心的一个环节，但恰恰也是求职者最容易犯错的一个环节。要想取得双赢的结果，就有必要掌握谈薪的巧技能，注意辨别错误的谈薪方式，灵活运用正确的谈薪技巧。

（一）错误的谈薪方式

1. 面试中急于问薪酬待遇，过于看重薪酬待遇。

2. 表现出完全不关注薪酬的样子，“我不在乎薪酬，多少钱都行”，这会让面试官质疑你的求职动机。

3. 直接亮出自己的底牌，不留回旋的余地，把薪酬谈“死”了。

4. 谎报自己现有的薪酬待遇。

5. 对于加班费的反应过于激烈。

（二）正确的谈薪方式

1. 树立正确的理念。谈薪之前要先树立正确的薪酬理念。一是“一分耕耘一分收获”，好的企业都是责—权—利相对对等的，要客观衡量这份工作的工作价值；二是只有先把蛋糕做大，才有分蛋糕的权利，只有具备做好工作的能力，才有谈薪的筹码；三是一个规范的公司，在薪酬管理上也是相对规范的，谈薪时不要纠结于一个数字，更重要的整个薪酬结构和薪酬制度。

2. 客观的自我价值定位。在面试之前先做好自我沟通，客观认知自己的能力，客观评价自己“值多少钱”，以及自己期待的薪酬待遇。谨记“强而不霸”，即使自己再优秀，也要把自己放在大环境中去客观衡量，不要眼高手低。

3. 评估应聘职位的价值。由于求职者与招聘者的信息不对等，求职者要正确认知自己的“弱势”，并做到“弱却有心”，在谈薪之前积极做好调研工作，分析市场行情，提前通过各种途径（如：向前辈或朋友打听，通过各种求职平台咨询，应届生可以向学校负责管理就业的机构寻求帮助等途径）了解该公司或者该岗位的薪酬状况，掌握主动权。

4. 巧妙地亮出底牌。针对薪酬待遇，面试官一般会采取两种提问方式。（1）“你上一份工作的薪酬是多少？”或者“其他公司给你承诺的薪酬是多少？”针对这种提问方式，不要撒谎，可以在真实水平的基础上加价1000~2000，而且不要只报月薪，最好是把其他福利待遇也附上，说出“整体薪酬”，来抬高自己的身价。（2）“你期待的薪酬是多少？”针对这种提问方式，可以先将压力转移给面试官：“我认为薪酬应该取决于三个方面：我的能力、市场平均水平及贵公司对这个岗位的预算范围。所以，我可以先了解一下贵公司对于这个岗位是如何定位和定薪的吗？”如果面试官坚持要你说出具体的薪酬期望时，要根据自己前期掌握的薪酬信息，设定一个合理的预期薪酬范围，不要报得太高，也不要报得太低，建议取中间值，并有一定的浮动区间。

5. 支撑自己的预期薪酬。求职者也要客观认识到自己与招聘者的差异，明确自身的角色，并学会换位思考，站在招聘者的角度思考谈薪这个话题。在说出自己的预期薪酬之后，不要把薪酬谈死，要说出自己提出这个数字的理由，适当展示特色，让面试官看到自己的价值（特别是当你的报价高于这个岗位的设定范围时，要给对方充足的理由去为你突破顶薪），这份价值不仅要体现在自己的能力和工作经验上，更要展现出自己能给公司创造多少价值，“公司每年给我 20 万，我又能为公司创造多少价值呢？”并且要留下可以进一步商榷的余地：“我期望的薪酬是……，理由有三点——现在的岗位薪酬……市场行情……我的能力和价值……当然面试是一个双向选择的过程，在具体谈薪之前首先应该取得贵公司的认可。如果我是贵公司钟意的候选人，我相信我们将在薪酬方面达成一致，因为我愿意在这方面展示灵活性。”

6. 升华到更高的层次。谈薪谈的不仅仅是一个数字，求职者不要纠结于一个月给多少钱，要借助谈薪的机会，将沟通对话升华到更高的层次。求职者可以向面试官咨询有关薪酬制度和晋升发展的相关信息：“我得承认我很看重薪酬。但是，我更加看重的是贵公司的学习机会和发展空间，这也正是我选择贵公司的一个重要理由。我认为，这毕竟是一个双向选择的过程，在具体谈薪之前还是得先取得贵公司和各位面试官的认可，我有足够的诚意，愿意在后续阶段和贵公司进一步商榷。当然，我也想了解一下贵公司的整体薪酬制度和晋升制度，您方便为我介绍一下吗？”紧接着，进一步上升到公司的文化价值观和管理理念的层次。

7. 巧妙回答关于加班和加班费的问题。“关于加班和加班费，我认为要具体情况具体分析，具体可以分为三种情况。一是公司整体或某个部门刻意加班，白天故意不把活干完，目的是挣加班费或者是得到领导赏识，这种情况已经无关加班费的问题了，而是公司管理的问题，我会积极提出建议。二是由于我个人原因或者公司临时重大事项，白天不能把活干完，那么这种情况下我是有义务加班完成任务的；三是经常性加班，这就说明现有的工作量已经超出现有员工人数的可承受范围，建议公司增加员工，如果无法增加新员工，那么我觉得加班费是有必要的，您觉得呢？”

8. 最后在谈薪阶段时，要表现出自己的诚意，也要给对方适当的压力。在强调自己的价值并取得对方认可的情况下，适当表达自己的为难之处（比如有其他 offer 开价更高……）。面试一般会有多个环节，其中一个环节是由业务部经理负责的，一定要跟对方保持联系，因为谈薪是由人事经理跟你谈的，但是用人是业务部需要的。如果你能向业务部经理诚恳表达自己的意愿，获得对方的认可，并说出自己对薪酬的期望，由业务部经理出面跟人事经理沟通，能够巧妙地转移压力。但是，注意，凡事有个度，不要超出对方的承受范围。

二、礼貌地结束

“面试结果会在……通知您”，当面试官示意今天的面试到此结束，求职者要起身直立，把椅子扶正，正视面试官，一边点头一边由衷地表示感谢：“非常感谢面试官给予我这么一次宝贵的面试机会，今天的交流非常愉快，我也收获颇丰。如果有幸能与您这么优秀的同事一起工作，我一定全力以赴，希望能收到您的好消息！”如果交流得融洽，可以主动提议与面试官交换名片，握手表示感谢。

最后，带上自己的随身物品，走到刚才进门的位置，先打开门，再转向面试官，有礼貌地鞠躬行礼，再次表示感谢，然后转身轻轻关上门。

值得提醒的是，当你走进公司的时候，公司的每一位员工都是你的面试官，对待其他员工同样要展现出自己的尊重和友好，给别人留下良好的印象。

巧技能 11

出国留学的面试技巧

国外的大学非常注重申请者与学校间的匹配度，因此很多名校会安排面试促进双方的进一步了解。面试结果报告也会作为申请者材料的一部分得到录取办公室的正式评估。相比学习成绩、考试分数、申请文书，面试往往是大多数中国学生的大难关：面试的时间限定需要学生超强的表达技巧和沟通能力；面试的神秘问题需要学生良好的应变能力和心理素质……很多中国学生在参加面试的时候，由于面试技巧的不足和自信心的缺乏，往往因不能正常发挥而留下遗憾。为了帮助众多中国学生学习面试技巧，本书在这里分享有关出国留学的面试技巧。

（一）四个步骤

1. Prepare

毫无疑问，面试的第一步依然是充分的准备，具体需要准备什么与第二章所阐述的求职准备相似。一是有关的申请材料，比如个人陈述、简历、证书、成绩单等方面；二是对意向学校进行详细调查，并做好准备如何回答为什么选择这所学校；三是准备自我介绍，前文分享的技巧依然可以运用到出国留学面试中，但有一点值得注意，那就是中西方思维方式的差异！

2. Practice

第二步就是做好练习。比起自我练习，找一个朋友或者陌生人练习效果会更好。练习过程中，有两点需要注意，一是尽量全程都用英语沟通；二是问题要全面，让对方也提一些自己没有准备的问题。

3. Action

正式面试的时候，最重要的就是克服自己的紧张情绪。就这一点而言，英文面试比中文面试更难，一旦情绪紧张，不仅思路堵塞，英语也说不利索了，导致自己发挥失常。为了克服这个现象，关键还是前期要多次练习。

4. Follow up

面试结束后也要主动发邮件向面试官致谢，同时与面试官进一步交流反馈面试中提到的内容，持续跟进。

（二）常见的问题

◆ Tell me about yourself.

◆ What are your interests?

◆ Tell me about your family?

◆ Why are you interested in our school?

◆ Why do you think you should be admitted to our school?

◆ What are your favorite books/movies? Why?

◆ What`s your most meaningful activity?

◆ What`s your favorite class?

◆ What is the most challenging class you have encountered and how did you get through it?

◆ How do you think your friends/teachers/peers describe you?

◆ What do you see yourself doing in five years?

◆ Have you achieved everything you set out to achieve during high school?

◆ What would you do if you had a free afternoon?

◆ What extracurriculars do you hope to join in our college?

4

chapter

第四章

面试后：沟通巧技能

面试前准备得热火朝天，面试之后就如同刚下竞技场的选手，是成是败就听天由命了，这样的想法是不对的。面试结束并不意味着求职过程结束了，求职者在面试后不应该袖手以待聘用结果的公布，因为面试之后，只要通知还未下达，那么公司对求职者的考察就并未结束，面试后进行进一步沟通亦能加深别人对求职者的印象，甚至会左右最终的面试结果。

第一节　及时反馈

不懂得“面试后要主动、及时反馈”这个问题，在很多求职者身上经常看到，一部分人是因为不知道要怎么做到“主动、及时反馈”，对什么时候该反馈、什么时候不需要反馈、应该怎么反馈没有把握，生怕反馈越多，错误越多；另一部分人则甚至没有意识到主动、及时反馈的重要性，在他们的观念中，面试结束就意味着求职过程的结束。事实上，主动、有效的及时反馈对求职者而言，是有加分效应的。

案例 4-1(1)

割草男孩的主动反馈

一个替人割草的男孩出价 5 美元请他的朋友给一位老太太打电话，电话拨通后，男孩的朋友问道：“您需不需要割草？”

老太太回答说："不需要了，我已经有了割草工。"

男孩的朋友又说："我会帮您拔掉花丛中的杂草。"

老太太回答："我的割草工已经做了。"

男孩的朋友再说："我会帮您把走道四周的草割齐。"

老太太回答："我请的那个割草工也已经做了，他做得很好。谢谢你，我不需要新的割草工了。"

男孩的朋友便挂了电话，接着不解地问割草的男孩："你不是就在老太太那儿割草打工吗？为什么还要打这个电话？"

割草男孩说："我只是想知道老太太对我工作的评价。"

案例 4-1(2)

你们的资料什么时候发过来

有家机械设备公司，研制了一套新型的设备。先前自己最大的一家客户明确表明有意向购买他们的这套新型设备，也曾经多次打电话催要这套新型设备的报价和性能等介绍资料。这家机械设备公司知道自己的定价有些高，但公司销售人员还是将报价等资料传真给了对方。

结果对方一连三天都没有音信，这下可急坏了经理。于是召集各部门经理开会讨论应对方案：如果对方嫌我们的报价太高了我们怎么办？如果竞争对手也给了他们同类产品的报价我们怎么办？如果对方老总生气了怎么办？如果出现其他什么情况我们怎么办？结果在第四天，客户终于打来电话了，问“你们的资料什么时候才能发过来？”

嗨！原来发过去的传真他们没收到！

（资料来源：笔者依据相关资料整理）

割草工的男孩深谙主动反馈的重要性，通过主动寻求反馈，这名男孩清楚地知道了雇主对其的评价，好的优点能继续得以发挥，不好的缺点则能有机会得以改正。对于个人来说，反馈包含自我反馈与他人反馈，一方面要及时地进行自我反馈，避免毫无目的的行为和对自己行为所得结果的毫无所知；另一方面，要重视别人所做的评价，认真总结自己的优缺点，明确自己的努力方向；反馈同时也包含主动反馈和被动反馈。一般来说，自己进行的主动反馈要优于别人的反馈。回顾之前的经历，通过总结，往往可以发现目前工作可能的问题点，紧接着需要做的，就是要解决这些问题。

案例 4-1（2）中，在对方传真机为自动接收的情况下，发传真的人应在发完后及时电话通知对方接收，主动及时寻求反馈，对方得到通知后，应及时查看，传真接没接到？清不清楚？要给发传真的人予以反馈。因双方的一方未能主动及时寻求反馈，另一方未能主动及时给予反馈，给工作造成了不必要的时间和精力的浪费。相互的反馈，不仅是增进沟通一个很好的机会，同时，对外还代表着一个公司的形象，对内则体现着一个人的素养，积极地反馈能带给整个环境一种积极、热情的暖流，产生的连环效应更是有形的。

一、及时表达感谢

面试后表达感谢是十分重要的，因为这不仅是礼貌之举，也会使主考官在做最后的决定时考虑到这位求职者。求职者如果没有忽略这个环节，则显得“鹤立鸡群”，格外突出，说不定会使对方改变初衷。很多求职者认为面试后致谢用人单位是一种“溜须拍马”的行为。但是，人力资源部门负责招聘的工作人员往往把它看成一种礼貌，并从中查看求职者对面试的自我评价。当然，在表达感谢时，也要注意几个细节。

1. 如若打电话，则电话要简短，最好不要超过 5 分钟。在电话中简单介绍自己是谁、应聘哪个职位及表达感谢即可。

2. 若是写信，则信的内容要简洁，最好不超过一页。感谢信的开头应提及自己的姓名及简单情况，之后提及面试时间，并对招聘人员表示感谢。感谢信的中间部分要重申自己对该公司、该职位的兴趣，增加一些对求职成功有用的事实内容，尽量修正自己可能留给招聘人员的不良印象；最后，感谢信的结尾可以表示自己对能符合公司要求的信心，主动提供更多的材料，或表示愿意为公司的发展壮大做出贡献的意愿。当然，这里所说的感谢信主要指的是通过电子邮箱传递的邮件。

一封发自内心的感谢信会增加求职成功的概率。不少企业人力资源部门的工作人员会在某些场合讲述有人因为写了一封有内容的感谢信而得到了工作的例子。然而，大多数求职者却总是疏于此事。

原则上讲，如果求职者发了感谢信，不会有任何负面的影响；如果一个求职者不发，而其他大多数求职者都发了，那么不发感谢信的人就比较被动了。

3. 无论打电话或写信，都应该掌握及时原则。一般来说，最好在面试后 24 小时之内，加深面试官对自己的印象。

案例 4-2

面试后的感谢信

有一个叫史蒂文斯的中年男人在一家公司里当程序员，他已经在这家软件公司里干了 8 年。然而，就在这一年，公司倒闭了。这时，史蒂文斯的第三个儿子刚刚降生，巨大的经济压力使他喘不过气来。

于是，史蒂文斯开始了漫长的找工作生涯。然而一个月过去了，他一无所获。一天，史蒂文斯在报上看到一家软件公司要招聘程序员，待遇非常好。他立刻赶到公司，准备参加应聘。应聘的人数实在太多了，竞争将会异常激烈。经过简单交谈，公司通知他一个星期后参加笔试。在笔试中，史蒂文斯再次轻松过关，剩下的只有两天后的面试了。

然而，在这最后一关中，史蒂文斯没被选中。不过史蒂文斯并没有怨恨，而是给这家公司写了封信，以表感谢之情。信中这样写道："感谢贵公司花费人力、物力，为我提供了笔试、面试的机会。虽然我落聘了，但通过应聘使我大长见识，获益匪浅。"

那家公司收到回信后，无不为这样的一封信而感动，最后总裁也知道了这件事情。3个月后，新年来临，史蒂文斯收到一张精美的新年贺卡，上面写着：尊敬的史蒂文斯先生，如果您愿意，请和我们共度新年，贺卡是他上次应聘的公司寄来的。原来，公司又出现了空缺，他们第一个就想到了史蒂文斯。

史蒂文斯应聘的这家公司就是美国著名的微软公司，而十几年后，史蒂文斯凭着出色的业绩，一直做到了公司的副总裁。

（资料来源：笔者依据相关资料整理）

求职面试难免会遭遇暂时的失败。面对失败，如果求职者能够摆正心态，心怀感恩，真诚地感谢用人单位和面试官，就能够为自己争取逆转的机会，至少给未来创造了机会。

二、打听面试结果

（一）切忌心急

面试后及时表达感谢是很可行的，但对面试结果却不能过早打听，打听面试结果要掌握好时机，把握好分寸。

在一般情况下，面试官们每天面试结束后，都要进行讨论和投票，之后把面试结果送到人事部门进行汇总，最后确定录用人选，这个过程一般需要3至5天的时间。求职者在这段时间内一定要耐心等候消息，切忌过早打听面试结果。

案例 4-3

过于急切打听面试结果而被淘汰

整场面试下来，对于面试官的提问，徐烨对答如流，面试非常顺利。最后，面试官问到“你还有什么问题要问吗？”徐烨对自己的表现非常满意，于是就自信地问了面试官一句：“各位面试官对我的表现可否满意？我是否被录取了？”这一问，让原本非常满意的面试官心生反感，只做了官方的回答，让徐烨回去等通知。

面试结束当天晚上，徐烨急忙发了一封邮件向面试官咨询结果，希望对方尽快告知结果，面试官还是没有明确地回复。刚过了两天，徐烨又着急地给面试官发短信，这下子让面试官彻底心烦了，直接告诉徐烨他被淘汰了。当然，淘汰的原因就是“太过心急”。

（资料来源：笔者依据相关资料整理）

面试之后太过急切地咨询面试结果，加上一些不恰当的语言表达，不仅会让面试官反感，甚至有可能会让面试官把求职者从录取名单中删去。

（二）保持联系

面试结束后，结果出来前，求职者最好每天都至少查询一次与招聘相关的网页，电话也要保证随时畅通。在第一时间知晓面试结果，能为后续需尽的事宜赢得更多时间。

然而，如果在面试10天后还没有任何消息，而且招聘单位没有给出具体的跟进时间，求职者主动联系，询问结果是自然而然的事情，甚至也是必需的。求职者最好发一封电子邮件或直接致电给招聘单位人事部门，询问进展，同时再把面试时一些重要的观点和意见重复一下。如果面试时发挥不好，没有表现出本人的真实水平，那么求职者一定要趁机修补，证明自己的能力符合对方的要求。这就好比推销一样商品，卖方不能只会问顾客“您买不买”，而要重复商品的好处，强调商品如何适合顾客的要求。

三、做好再次面试的准备

应聘中不可能个个都是成功者，万一在竞争中失败了，也不要气馁。这一次失败了，还有下一次成功的机会，就业机会不止一个，关键是必须及时总结经验教训，找出失败的原因，并针对这些不足重新做准备，“吃一堑，长一智”，谋求“东山再起”。

案例 4-4

面试结束后再次获得第二次机会

看着电梯显示数字一点一点接近要去的楼层，李筱的心扑通扑通直跳。她是去面试的，准确地说，是去恳请公司再给一次面试机会的。三天前，李筱已经经历了这家金融公司的面试，之后一直没再收到任何进展的通知短信或电话。“我想我可能是被刷了，但这家公司无论地段、规模还是薪酬水平，我真的都很满意的。”尽管手里有了另外的offer，李筱还是想再争取一下。“开始我很犹豫，因为害怕别人不理我，害怕争取也没用。其实最坏的结果也只是对方不要我罢了，但万一成功了呢？”

通过前台找到HR的李筱鼓起勇气坦白，由于上次没有沟通好，希望能再与面试官谈谈。等了好一会儿，她又被领去了上次那间熟悉的办公室。“这期间我的心一直都在扑通乱跳。见到面试官，我当下就有些尴尬地红了脸。”吧啦吧啦向面试官说了一通内心想法的李筱，终于听到了“下周来报到”的肯定答复。

面试结束并不意味着真正的结束，有时候卑微地请求再给一次机会是可以成功叩开已经封闭的大门的。在应聘面试后，不要只是等待招聘单位的回音。如果在一周内，或依据他们做决策所需的一段合理时间之内没有得到任何音讯，除了像李筱一样直接找上门去，还可以给对方写一封补充信。当然，最好是面试后就写感谢信并立刻寄出。

（资料来源：笔者依据相关资料整理）

第二节　自我总结

面试后的自我总结，本身就是一种提升，同时会带来更长远的提升。面试结束不意味着求职的所有事情都已完成。正式进入工作场所后，会遇到更多、更难的考验，此时，持续的总结和提升显得更重要。

经验来自经历，但经历不等于经验，需要对经验进行总结思考，最终得到能让自己改进和借鉴的东西才叫经验。之后在经验的指导下进行下一次努力，再下一次改进，一次次向好，成功便会如期而来，这才是所谓“学而时习之”的真正意思。面试就像谈恋爱，要双方看对眼了才可以，不要害怕面试，每一次面试都是学习和锻炼的好机会。面试结束后，无论面试成功抑或面试失败，都应该进行自我总结。面试成功也好，面试失败也罢，求职者都应该总结自己的亮点和自己的缺陷。

一、面试后需要总结的内容

面试后，不管面试结果如何，都有必要进行面试总结。面试后的总结可从多方面入手，也应该全方位进行总结，包括礼仪、举止、专业知识、应变能力等各个方面。总体上，总结要注意以下几个原则。

1. 对面试表现的自我点评。通常面试都是一个 30 分钟左右的面对面交流过程，决定自己命运的恰恰就是这半小时里求职者给面试官留下的印象。在此基础上，他对求职者做出判断；所以，仔细地对整个过程的优缺点进行总结，有助于扬长避短，为下次面试积累经验。

2. 对专业问题的记录与总结。面试的时候专业技能方面的考核可能会涉及笔试或者面试，求职者有可能遇到一些基础或者较复杂的问题，个别单位还有逻辑思维的考试题目。在当时的环境里，如果求职者没有正常发挥，面试结束以后正是记录总结的好时机，遇到不懂的、不会解答的，求职者还可以通过各种渠道求助，帮助自己在下次面试中顺利回答。

3. 对企业文化分析对比的总结。走进一家公司，肯定会对这家公司的企业文化有一定的接触与了解，好的地方可以记录下来。如果同时面试了多家公司，得到多个 offer，却又不知道如何做出选择时，可以进行企业文化的对比，这也是好的参考点。

二、面试成功需要自我总结

面试通过的应聘者，也是有必要进行自我总结的，这样的做法可以把面试经历巧妙地变成自己的经验，而这些经验不仅对面试有益，也可以让自己从各个方面进行提升、各个角度进行完善。对于面试成功的应聘者，既要总结自己成功的经验，也要总结自己还可能存在的不足。此外，刚进入公司 / 单位工作后，可以找机会与当时面试自己的面试官进行交流，获取他们对自己更真实的评价。很多知识都是相通的，面试积累的经验不仅仅能为之后可能的面试服务，也可以为工作、生活或学习的很多环节服务。

三、面试失败更需要自我总结

在求职大军中，有些求职者可能还没有找到自己心仪的工作，也有些求职者可能在经过屡次的面试失败后，自信心受挫。其实面试失败是在所难免的，“失败是成功之母”这个道理每个人都知道。面试失败，求职者不应该一蹶不振，而是要总结经验，寻求打造更好自己的方法。那么面试失败后具体该怎么办？首先，进行自我总结是第一要务。

案例 4-5

Tim：出彩自我总结

主人公 Tim 毕业后工作不满两年，公司却已经换了两家，这次因为和上司第三次意见不合又起了争执，Tim 觉得这家公司还是不适合长呆，当即便递交了辞呈，潇洒地裸辞了。

因为前一次裸辞出来，很快就找到了新工作，所以这次他也同样很无所畏忌地再次加入求职大军的队伍中。在投了 *N* 份简历后，好容易有几个面试，但一个都不成功。

Tim 学的是工商管理专业，前面两份工作做的都是销售助理，现在想转做市场，面试时 HR 说：“你之前做销售的，现在来做市场，等于是从零开始”，并且对他频繁地换工作的经历产生质疑。任凭 Tim 怎么解释，也没能让 HR 露出信任的神色。

他越面试越没自信，原本自我感觉良好的面试，全部都没“二面”的回音。Tim 觉得这些岗位自己都能胜任，态度诚恳、积极，可为什么连失败在哪里都找不出原因，这让 Tim 非常沮丧。

Tim 回去后静下心来制定了一个解决方案：明确定位，有针对性地准备面试。

Tim 先梳理了过往职业经历，并分析了他的能力特长、职业价值观及就业机会三大系统，将职业定位锁定为网络营销经理。Tim 有一定拓展能力，且对网络非常熟悉和喜爱，对微博这样的新媒体有自己的想法和见解。

眼下新媒体也正在发展势头上，工作机会很多。但 Tim 因为工作时间尚短，他只能尽可能争取去大媒体平台的微博运营部（或新媒体运营部），这样能比较好地学习和积累相关知识和技能。

针对这个已经明确的职业方向，Tim 在前期准备工作中，清楚地了解了该岗位的任职需求，同时比对自身的条件，知道优劣势所在。把与岗位需求相匹配的技能、经验和经历都呈现出来，在面试前有必要将此内容整理好。在劣势方面，不需要说谎隐瞒，但一定要学会用积极的表述方式减少 HR 对你的质疑。

（资料来源：笔者依据相关材料整理）

Tim 的案例简单又深刻，他及时进行自我反思，看到自己优点的同时，知道了自身的劣势所在，这样的过程有可能让他后续更顺利，成功概率更大。

1. 回顾

每次面试结束，认真回顾整个面试。很多人面试一出来，就像考完一场试一样，把前面经历的一切都抛到脑后，这是不对的。此刻，需要求职者仔细地回顾整场面试：检查有没有什么问题是面试官提问，而自己回答起来不太顺畅的；检查有没有面试官提问，直接是自己完全没有准备的；最后回顾自己是否在面试中太过夸夸其谈或太过不自信。

以上任何一点，都会影响面试结果，做得不到位或没有分寸，都会让求职者失去 offer。检查出的问题，有必要一一记录总结，并根据自身的状况准备好下一次应对的方法。

2. 迅速调整心态

失败也是积累经验的过程。心态在面试中尤为重要。一个良好的、张弛有度的面试状态，可能在面试开场的前 3 秒就能让求职者赢得 HR 的信任。面试后的无回音，总会让人胡思乱想，而且这种负面思绪会有惯性地延续到之后求职的各个环节中。

其实用人单位决定是否录用一个人，有很多因素要考虑，这是一个综合的结果，而不简单的是你优秀与否、学校好不好、学位高不高的问题。把每一次面试都当做对职场、对工作的了解过程，用积极的心态去面对，不自负也不气馁，把握好状态，离面试成功也不会太远。

3. 在面试中学会提问

经验不足的职场人，面试时只是等着对方来考察自己，而没有利用机会获取信息。如果面试失败，那么起码也能在面试中获取一些相关信息以帮助自己对这个行业、岗位有更进一步的了解。慢慢培养自己主动了解工作信息的习惯，日积月累便会有很大的收获。

根据以上内容，建议各位求职者把简历拿出来再仔细地修改和调整；再认真回想、反省自己在面试中做得不到位的地方；再调整心态，把自己的特长和优势展示出来，积极面对每一次考验，offer一定如期而至！

第三节　持续提升

“结婚之后不再恋爱，毕业以后不再学习”，这是人生的两大悲哀。俗话说：“拒绝学习，就是拒绝成长。家长不学习，会被孩子看不起并且和孩子有代沟。夫妻一方不学习，就会有隔阂。学习的人如同长高的树，自然会有高藤来缠。”

事实说明，一个人不学习，就会与社会脱节，跟不上时代步伐，人活在 21 世纪，思想在 20 世纪。人要有二亩地，白天是果腹的，晚上是耕种未来的。不学习、不持续提升的人将是 21 世纪被淘汰的人。

职场是个靠实力说话的地方，不想被淘汰，就必须想办法持续提升自己的能力，要学会如何做事，如何搞定客户，如何与同事相处，如何拍领导马屁，如何教导下属……这些能力固然可以在工作中获得提升，但若想快人一步，还得学会如何充分利用业余时间进行自我提升。

一、在工作时间中巧妙提升

工作，一方面能为单位做贡献、创价值，另一方面自己也得到相应的物质回报。事实上，工作不仅可以给予物质上的回馈，职场人士也可以巧妙地利用工作的各类条件提升自己、完善自己。这两者不是矛盾的，而是相辅相成的。

（一）咨询前辈

拥有知识，这是第一步，也是很关键的一步。前辈们有丰富的经历和经验，在某些方面拥有比自己丰富的知识。如果够幸运的话，工作中遇到一个好的前辈对个人来说受用无穷。

一个很好的前辈或领导对自己而言，就是一名好的老师。老师可以严格要求自己，不仅可以教会自己工作的内容，还教会自己很多人生道理。有的前辈幽默风趣，幽默的同时可以教会自己诸多技能。也有的前辈专业能力很强，能给自己诸如这样的启示：不要只停留在眼前的工作上，眼光放长远点。

以上均是遇到好的前辈和领导的情况，但有不少职场人士抱怨："自己没有那么好的运气遇到好的前辈和领导"，这是片面的观点。孔圣说："三人行，必有我师焉；择其善者而从之，其不善者而改之。"这句话指的是三个人同行，其中必定有人可以做我的老师，别人的言行举止，必定有值得我学习的地方。学习别人的优点，看到别人的缺点，反省自身有没有同样的缺点，如果有，加以改正。实际上，每个人都有优点，也都有缺点，只要多把人往好的方面想，每个人都有值得学习的闪光点。因此，笔者认为“三人行，人人都是我师”。

（二）了解自己的公司

工作的时候，更多的是完成自己的工作任务。可是，很少人会去了解自己的公司，这无形中就失去了一个提升自己的机会。职场上有这么一个思考角度，就是从老板的角度去考虑问题、理解企业，这样一来，虽无须做到像老板一样去行事，但一定会让自己的思维变得开阔。

职场人士每次换工作都应该先了解自己的公司。可能有人说，这是废话，谁找工作不是先了解公司？找工作自然是了解了公司，可是找工作的时候，自己的了解并不客观也不够深入。但是当自己进入了公司，那就不一样了。

了解的方法可以是：公司的主要产品是什么，公司的盈利模式是什么，公司的竞争对手是谁，有机会的话，公司的财务报表看一遍，目前的职位属于整个公司的哪个组成部分。

这些东西看似无用，实际上却非常有用，不仅仅是对工作，对整个人的思维方式也有益处。比如在换工作的时候，这可以帮助你把简历上的内容写得更详细，面试回答得更清楚，更有优势。

（三）抓住培训机会

除了日常的工作，很多公司都有各种培训，甚至有专门负责培训的部门。大公司的培训体系很全面，无论是中层领导的培训，还是基层员工的培训，这些培训都是学习的好机会。

培训的最大好处在于可以共享自己或者他人的经验，甚至是工作和解决问题的思路。如果只是埋头苦干，有可能钻牛角尖，视野难免就窄了。集体的培训几乎就是头脑风暴。

（四）跨学科的外延

有的时候，常常有些"隔壁家的小孩"，他们似乎是人生的赢家，读书好，工作能力强，还能写得一手好文章，样样都优秀。或许没有人想过，他们其实是在某个领域持续精进，之后触类旁通，举一反三，其他的能力也就同样优秀了。

巴菲特的黄金搭档查理 · 芒格就提出过"跨学科"学习的理论。进一步引申，跨学科、跨行业的经验和能力更加能够让人提升得迅速。这有点像写作的人专注于文学，可是如果有音乐电影的鉴赏力，文学的境界可能提高得更快、更容易。

厚积者方能薄发。对待工作，思考才是关键，提升自己需要自己思考后去主动行动。而工作恰恰是我们这辈子花了最长时间的事情，善于在工作中提升自己，对每个人都至关重要。

二、在业余时间中主动提升

胡适先生说过："人与人的区别在于八小时之外如何运用。有时间的人不能成功，挤时间的人才能成功。"的确，八小时之内决定现在，八小时之外决定未来。有什么样的想法，过什么样的生活。有学习才有选择权。没有知识，要有常识；没有常识，走进教室。

“自我提升”本质上是一种投资行为，成本是这些“买到的时间”+“购买时间所花费的金钱”+“提升自己所付出的努力”，回报就是未来从工作中获得的收益，长远来看，这是非常划算的。时间就是金钱，这绝对是真理，各位职场人士如果有心的话，不妨计算一下自己每天丢掉了多少钱。

时间的价值比我们想象的要大得多，钱没有了还可以再赚，时间没有了就真的没有了。从这个角度看，可以认为紧接着就出现两个需要解决的问题，就是“提升什么”和“如何提升”的问题。

（一）需要提升什么

“自我提升”实际上是个很“自我”的事情，每个人的定义都不同，这个没有好坏对错之分，只有特点的不同。大家结合自己的实际情况，分析一下工作和生活方面现存的问题，展望一下未来的发展方向，就能大致有一些眉目了。以普适性来讲，笔者建议从下面几个方向考虑。

1. 健康

这是人在年轻的时候最容易忽视但实际上却是最重要的一件事，君不见无数中年大叔捶胸顿足就是在懊悔这件事。比如，相当一部分年轻人热衷熬夜、无节制地玩游戏，他们误认为从青年变成中年、甚至老年，还有好几十年的时间，无须考虑那么久远以后的事情，却不知，时间过得飞快，转眼一年又一年。

2. 当前岗位所需的技能

先把眼前的事情做好永远是最重要的。销售就去学习怎样沟通，项目经理就去学习项目管理。职场人士在职场，掌握本职工作所需技能，是拥有更多可能性的基础。

3. 升职所需的技能

如果不知道如何提升，那就观察一下，自己的顶头上司都会些什么？如果觉得他什么都不懂，那就继续好好观察。

4. 为未来发展所储备的技能

早一天打算，便多一分轻松，为未来多做一些累积，等待厚积薄发的那一天。比如，如果希望未来能够创业，那么就需要了解和练习管理、人力、财务、沟通、行业等方面的知识和技能，这些准备，当然越早开始越好。

5. 无论何时何地都用得到的基本能力

这些技能出色了，不管到哪里，无论做什么，都不会太差。比如沟通、办公软件、思维模式、逻辑、学习能力等。

（二）如何进行提升

对于如何提升自我，总结起来，就是六个字：“多学、多做、多想”。

1. 多学

我们从一出生就在不停地学习，不过许多人在成年之后就丧失了学习的意愿，永久止步于某个层级，再也不曾窥见更广阔的世界，所以愿意持续学习同时也会学习的人，无疑是幸福的。学习的方式有很多，最有效的有两个：一个是请教他人；一个是读书。

请教他人最直接，在交流的过程中可以不断地质疑、思考、汲取，是学习效率最高的方式。同事、老师、上司、同行等一切比我们牛的人都可以是请教的对象。牛人的经验异于常人的丰富，所以如果有跟牛人交流的机会，大家一定要好好把握。

读书有个好处，就是范围特别广。读书的过程，也是与作者进行思想交流的过程，效率虽然不如谈话那么高，但胜在可以交流的人特别多。要知道，只需翻开几本书，便可以同时与不同时代、不同种族、不同视点、不同领域的大师们交流，这种体验，只有读书能带来。

总而言之，只要有心，人人都能学习、时时都能学习、处处都能学习。在任何情况下都能学习，所以别为自己的不学习找理由和借口。

2. 多做

通过学习，我们可以掌握许多理论知识，但理论与实践相结合才有价值，用理论来指导实践，不仅实践会变得更有效率，而且也能对理论理解得更加深刻和透彻。具体到提升能力方面，应该要怎么做呢？下面几点提示可供参考。

多做高价值的事务，摒弃那些低价值的事务，一个简单判断事务价值的方法就是看其中包含多少机械的重复性劳动，因为创造性劳动永远是含金量最高的；另一个方法就是看它是否能够直接带来明显的收益，一般可以认为，越是直接的事务，含金量越高，当然难度也越高。

做的时候适当“偷懒”：理论这种伟大的武器可以帮助我们更聪明地做事，所以别傻傻地闷头干，完全可以用学到的理论知识来提高效率。

工作要创新：有时候，难免有许多重复性劳动是甩不掉的，这个时候，可以考虑搞点创意，这样不仅有机会找到更多解决问题的办法，也能让自己不无聊。

要做就做好：其实就是专业精神和极致追求。如果凡事凑合的话，根本就是浪费时间，无法得到任何能力上的提高。

3. 多想

学而不思则罔，所以我们得多思考，而且还得能独立思考，这样才能有效地将理论应用在实践中。思考其实是很有乐趣的，会上瘾，特别是当自己了解很多思维方法之后，运用各种方法和工具去分析一个问题，这时候不仅会有解决问题的成就感，也会产生一种智力上的优越感。思考本质上是一个提高信息利用率的手段，同样看一本书，大家接受的信息量是一样的，但有人看完就算了，有人写了读书笔记，有人写了观点剖析，每个人最终的收获肯定不一样，区别就在于思考的深度不同，导致对信息的利用率也不同。

凡事多想想“为什么”：大多数真实的问题都藏在一连串的“为什么”里面，通常只要找准了问题，就很容易找到解决方案了。

多想想未来：如果能够站在历史的角度思考问题，就有助于我们在更高的地方俯视人生。

尽量将思考进行输出：比如在知乎回答问题、写文章、讲给别人听等，这才是训练思考能力的最好方法，否则只能称之为灵光一闪，闪完了就忘了。

以上就是如何充分利用业余时间提升能力的方法，如果上面所说的状态能坚持一段时间的话，就会变成一种习惯，它会驱使着我们去行动，让“提升自我”变成一个内化的、隐含的目标。最后再次重申，不要纠结细节和完美的规划，重点在于是否开始了行动，如果每天只能抽出十分钟，那就从这十分钟开始吧。

参考文献

[1] David G. Jensen. In job interviews, credibility comes from more than what you know. Science. Vol 358, Issue 6361.2017.

[2] David G. Jensen. The two most critical elements of interview day. Science. Vol 358, Issue 6361.2017.

[3] David G. Jensen. Tooling Up: First Impressions——Are Interview Results Preordained? Science. Vol 358, Issue 6361.2017.

[4] Sharon Ann Holgate. When an Interview (Seemingly) Goes All Wrong. Science. Vol 358, Issue 6361. 2014.

[5] SHARON ANN HOLGATE.How to Present Yourself During an Interview. Science. Vol 358, Issue 6361. 2014.

[6] （美）乔迪·格里克曼．王瑶，译．这样沟通最有效：10 种沟通技巧帮助你提高工作效率（修订本）. 北京：电子工业出版社 ,2015.

[7] （美）劳埃德·拜厄斯莱斯利·鲁．人力资源管理 [M]. 北京：人民邮电出版社 ,2006.

[8] （美）奥罗克．康青，译．管理沟通——以案例分析为视角（第 4 版）. 北京：中国人民大学出版社 , 2011.

[9] （美）保罗·J. 多诺霍 , 玛丽·E. 西格尔．易厚萍，译．沟通决定关系：有效表达自己并与他人交谈．北京：电子工业出版社 ,2014.

[10]（美）赫里奥·弗雷德·加西亚．王国平，译．沟通的力量．北京：

电子工业出版社 ,2014.

[11] 加里·德斯勒 . 刘昕，译 . 人力资源管理 : 第 12 版 [M]. 北京：中国人民大学出版社 , 2012.

[12] 刘平青，等 . 职业生涯与人生规划 . 北京：北京大学出版社 ,2014.

[13] 刘平青，等 . 管理沟通: 复杂职场巧技能 . 北京: 电子工业出版社 , 2016.

[14] 刘平青，等 . 员工关系管理：中国职场的人际技能与自我成长 . 北京：机械工业出版社 ,2017.

[15] 莫尼克 . 大学毕业生求职面试技巧浅析 [J]. 人力资源管理 ,2016,(4):88-89.

[16] 徐建平 , 周瀚 , 李文雅 , 陈孚 , 张伟 . 结构化面试中面试官的评分及影响因素 [J]. 心理科学进展 ,2014,(02):357-368.

[17] 田效勋 , 车宏生 . 面试预测效度和构想效度研究述评 [J]. 心理科学进展 ,2009,(04):870-876.

[18] 杜跃东 . 如何在求职中脱颖而出——浅谈大学生应聘面试技巧 [J]. 中国成人教育 ,2007,(13):70-71.

[19] 张金秀 , 王学臣 . 大学生求职技巧指导 [J]. 教书育人（高教论坛）,2009,(9):98-99.

[20] 林培剑 , 汤晨笑 , 卞冉 . 选拔面试中应聘者的自我呈现 : 概念、原理及影响 [J]. 北京师范大学学报（社会科学版）,2014,(03):33-43.

[21] 刘耀中 . 人员选拔面试中的晕轮效应 [J]. 心理科学 , 2009,(06):1388-1390.

[22] 刘泽文，宋照礼，刘华山．求职行为的心理学研究 [J]. 心理科学进展，2006,(04):631-635.

[23] 彭敏．浅谈求职活动中的沟通 [J]. 中国科技信息，2009,(20):161-164.

[24] 张祖明.大学生就业如何过面试关[J].中国大学生就业，2005, (15): 68-70.

[25] 王丽平，谢文辉．面试宝典 :30 位求职者名企面试攻略．北京：中国时代经济出版社 ,2007.

[26] 李如海，谭林妃．面试案例 [M]. 北京：中国人民大学出版社 ,2011.

[27] 杨俊峰．职业指导实务（复旦卓越．人力资源管理和社会保障系列教材）. 上海：复旦大学出版社，2013.

[28] 陈国庆．公关礼仪与面试技巧．北京：经济科学出版社 ,2010.

[29] 方永新．别让求职卡在面试上．苏州：古吴轩出版社 ,2015.

[30] 鲁克德．500 强企业面试题与面试流程全记录 [M]. 南昌：江西人民出版社，2017.